CALIENTE. APASIONADO.
¿ILEGAL?

CALIENTE. APASIONADO. ¿ILEGAL?

Por qué (casi) todo lo que los americanos
piensan de los latinos quizás sea verdad

CRISTIÁN DE LA FUENTE
Y
FEDERICO LARIÑO

A CELEBRA BOOK

Celebra
Published by New American Library, a division of
Penguin Group (USA) Inc., 375 Hudson Street,
New York, New York 10014, USA
Penguin Group (Canada), 90 Eglinton Avenue East, Suite 700, Toronto,
Ontario M4P 2Y3, Canada (a division of Pearson Penguin Canada Inc.)
Penguin Books Ltd., 80 Strand, London WC2R 0RL, England
Penguin Ireland, 25 St. Stephen's Green, Dublin 2,
Ireland (a division of Penguin Books Ltd.)
Penguin Group (Australia), 250 Camberwell Road, Camberwell, Victoria 3124,
Australia (a division of Pearson Australia Group Pty. Ltd.)
Penguin Books India Pvt. Ltd., 11 Community Centre, Panchsheel Park,
New Delhi—110 017, India
Penguin Group (NZ), 67 Apollo Drive, Rosedale, North Shore 0632,
New Zealand (a division of Pearson New Zealand Ltd.)
Penguin Books (South Africa) (Pty.) Ltd., 24 Sturdee Avenue,
Rosebank, Johannesburg 2196, South Africa

Penguin Books Ltd., Registered Offices:
80 Strand, London WC2R 0RL, England

First published by Celebra,
a division of Penguin Group (USA) Inc.

First Printing (Spanish Edition), January 2010
10 9 8 7 6 5 4 3 2 1

Copyright © DLF, Inc., 2010

Translation copyright © Celebra, a division of Penguin Group (USA) Inc., 2010

Translated by Cecilia Molinari
All rights reserved

CELEBRA and logo are trademarks of Penguin Group (USA) Inc.

Celebra Trade Paperback ISBN: 978-0-451-22809-3

The Library of Congress has catalogued the English-language hardcover edition of this title as follows:

Fuente, Cristián de la, 1974–
    Hot. passionate. and illegal? : why (almost) everything you thought about Latinos just may be
true / Cristián de la Fuente and Federico Lariño.
        p.   cm.
    "A Celebra Book."
    ISBN 978-0-451-22804-8
    1. Hispanic Americans.   2. Hispanic Americans—Social life and customs.   3. Stereotypes
(Social psychology) I. Lariño, Federico. II. Title.
    E184.S75F84   2010
    973'.0468—dc22   2009029560

Set in Adobe Caslon
Designed by Spring Hoteling

Printed in the United States of America

Para mi mamá y mi papá, quienes se conocieron en Chile, salieron y me concibieron en Miami. Para mi esposa, quien nació en Chile y no quiso salir conmigo allá hasta que nos encontramos en Los Ángeles y finalmente volvimos a Chile a casarnos. Y para el amor de mi vida, mi hija Laura, quien nació en Miami, vive en Los Ángeles y cree que es chilena. Este libro es para ti.

—CRISTIÁN DE LA FUENTE

Este libro se lo dedico a mi abuelo Coque, quien vivió toda su vida en Argentina. A mi esposa Mariela, quien nació en los Estados Unidos. A mi hijo Santiago, quien nació en Argentina e inmigró con nosotros. Y a mi hija Tamara, quien nació en los Estados Unidos después de que inmigramos. Te reto a que trates de comprender a esta familia latina.

—FEDERICO LARIÑO

AGRADECIMIENTOS

Gracias a mis padres, por enseñarme que todo es posible. Gracias a Univision, Ray, Alina, Otto, Cisco y Mario, por desarrollar un programa de televisión que me permitió conocer a Federico. Gracias a Luis Balaguer y a Conchita Oliva por hacer ese negocio. Todo el aprecio para nuestros amigos en Penguin, nuestro editor Raymond Garcia, y también Mark Chait y Kim Suarez, quienes trabajaron muy duro a nuestro lado para hacer este libro posible. Gracias a Jeremy Ruby-Strauss por ayudarnos a modelar esta fina pieza de literatura, y a Andrea Montejo por ayudarnos con la traducción al español —así es, de verdad escribimos esto en inglés. Gracias a Stephen Espinoza, no solamente por ser mi abogado, y el mejor abogado, sino también por ser mi amigo. Gracias a Harry Abrams, Marni Rosenzweig, Joe Rice, Alec Shankman y a toda la gente en Abrams por creer en mí y transformar este proyecto en un libro. Gracias a Cynthia Snyder por planear mi vida. Gracias a Deena Katz y a todos en Dancing With The Stars. Gracias a David Maples por crear a Raph, el primer personaje latino con acento. Gracias a mi Banco por prestarme dinero cuando lo necesitaba. Gracias a todos los que no he mencionado porque aún no los conozco o porque me olvidé y seguramente voy a disculparme con ellos más adelante.

—CRISTIÁN DE LA FUENTE

Me gustaría extender también mi gratitud a todos los mencionados arriba -con excepción del Banco de Cristián. Además, me gustaría enviarle todo mi cariño a Ninin, Otye y Matías por estar siempre allí cuando los necesito. Una nota personal de agradecimiento para Carlos de Urquiza, Paul Bouche y Daniel Gutman por haberme enseñado lecciones invalorables, aún sin saberlo la mayoría de las veces. Mi eterna gratitud para Víctor Agu, Fernando Balmayor, Gonzalo Morozzi, la familia Culotta y la familia Pirogovsky, porque todo el mundo necesita gente como ellos en su vida. Gracias especiales a David Barski, Cisco Suarez y María Lopez Alvarez, por siempre creer en mí.

—Federico Lariño

Antes de terminar, un agradecimiento desde el fondo de nuestros corazones a todos los inmigrantes latinos que viven en los Estados Unidos. A nosotros nos gusta decir que este libro tomó treinta años para completarse, porque incluye el conocimiento y las experiencias de la mayoría de los latinos que han inmigrado a lo largo de éstas últimas tres décadas. Por eso, nuestro último "gracias!" va para todos los Michael González y las Taylor Pérez que nos rodean.

CONTENIDO

PRIMERA PARTE
QUIÉNES SOMOS: LO ESENCIAL

SEGUNDA PARTE
GENTE Y CULTURA

TERCERA PARTE
EL IDIOMA Y LOS MEDIOS DE COMUNICACIÓN

CUARTA PARTE
TRABAJO Y POLÍTICA

CALIENTE. APASIONADO.
¿ILEGAL?

PRÓLOGO

Vengo de Chile.

No, no es un error de ortografía. Existe un país en Sudamérica llamado Chile, y yo soy de ahí. Algunos se confunden con esto porque "chile" (a veces escrito chili o chilli) también es una clase de pimiento, una salsa o hasta un bol de carne y frijoles picantes. Te aseguro que mi país no es ninguna de estas cosas. Antes me ofendía cuando la gente pensaba que yo provenía de un vegetal, y encima de uno que provoca lágrimas, especialmente porque algunas de mis ex novias me han acusado de lo mismo. Pero dejé de ofenderme cuando vi que este chiste tan popular venía aprobado personalmente por Dios: Chile, el país, en verdad tiene la forma de un chile (es decir, el pimiento). Al principio no quería reconocerlo, pero luego me di por vencido. Yo me doy cuenta cuando me han ganado.

También soy actor. Estoy muy orgulloso de haber entrado a Hollywood siendo latino. Les aseguro que es muy difícil cuando sólo te prueban para hacer el papel de traficante de drogas, proxeneta o contrabandista. A veces te dan algo como enfermero, y piensas "Bueno, no es doctor, pero no está tan mal". Cuando vas a la audición, te dan los "sides", que básicamente es una escena o dos en donde están tus líneas. Las lees y, bien, ¡el personaje es tuyo! Ahí es cuando te dan el

1

guión completo y ves que tu personaje es un enfermero ex contrabandista que ha jurado dejar de traficar, pero que de vez en cuando sigue trabajando como proxeneta para cubrir sus apuestas ilegales en riñas de gallos. Una vez que haces las paces con todo esto y de alguna manera logras racionalizar que tu personaje está haciendo lo que debe hacer en un mundo complejo, sigues leyendo y descubres que lo matan en los primeros cinco minutos de la película. Y antes de que te puedas enojar, el director decide cortar toda tu escena. Pero lo que importa es que lo hiciste, no será digno de un premio Oscar, pero es mejor que tener que trabajar de mesero.)

Yo tuve muchísima suerte al dar con mi primer papel importante a sólo dos años de haberme mudado a los Estados Unidos. Hice de un corredor de autos llamado Memo Moreno en la película *Driven* con Sylvester Stallone. Estaba feliz. Sólo había un detalle fastidioso que me preocupaba: Memo era brasilero. Y como ya lo he dicho, vengo de Chile. Le pregunté a varias personas si esto no les molestaba, y me respondieron: "¿Por qué me molestaría?". Ah, veamos, ¿será el hecho que en Brasil no hablan español? Pero la gente me miraba como si tuviera dos cabezas. *¿De qué estás hablando y a quién le importa?*

Para los actores latinos, es un arma de doble filo el hecho que los gringos de este país crean que todos nuestros acentos suenan igual. Puedes hacer de mexicano, cubano, puertorriqueño, brasilero, lo que venga. Simplemente no seas tonto y armes un gran escándalo como casi hago yo. En vez de eso, simplemente calla y *cobra tu cheque lo antes que puedas*; eso es lo más inteligente.

Años más tarde, al empezar mi recorrido por *Dancing with the Stars*, tuve mi primera reunión con los productores. En cuanto me vieron entrar a la sala, uno de ellos dijo: "¿Por qué no estás bailando?". Miré a mi alrededor. No había ninguna música. "Perdón, ¿entré mal?". No tenía idea de lo que estaban hablando.

Todos se rieron y me explicaron: "Es que eres latino, ¡pensamos que directamente entrarías bailando a la reunión!". Me impresionaron los estereotipos y conceptos equivocados que la gente de este país atribuye a los latinos. Y en ese momento me hice una promesa: le demostraría a los millones de americanos que cada uno de nosotros puede desafiar cualquiera de sus clasificaciones estereotipadas. Todos somos diferentes, complejos, únicos. Les enseñaría esto al demostrar públicamente una verdad pura, simple e innegable: no tengo, ni en lo más mínimo, habilidad para el baile.

Al mirar atrás, esta experiencia me conmovió de tal manera que me llevó a escribir este libro. La gente de Estados Unidos simplemente no sabe mucho sobre la gente como yo. Me di cuenta que para que la gente nos conozca y nos entienda de verdad, primero tienen que comprender de dónde venimos. Tienen que comprender a los *latinos*.

Déjame primero dirigirme a los lectores latinos. Entiendo que al principio te puedes sentir algo alarmado al ver que estoy compartiendo tanta información confidencial. Debemos rechazar esta forma de pensar. Del entendimiento vendrá una coexistencia más pacífica, y cuánto más aprendamos el uno del otro, mejor será para todos. Además, tampoco es que voy a compartir *todos* nuestros secretos, ¿estás loco?

Actualmente las minorías abarcan un tercio de la población de los Estados Unidos. Los expertos predicen que dentro de alrededor de cuarenta años, habrán más minorías que gringos viviendo en este país. En particular, proyectan que la población hispana se triplicará entre ahora y el año 2050, por lo que para entonces casi uno de cada tres residentes americanos será latino. Ya sé, es difícil creerlo, pero las estadísticas son así.

Así que ese es el panorama hacia dónde nos dirigimos. Cada vez más vivirás, trabajarás y dependerás de médicos, profesores y abogados latinos en tu día a día. Tu vecino puede ser un doctor latino. La maestra de tu hijo puede ser latina. Si tu médico latino le receta la medicina equivocada a tu madre o tu hijo trata de besar a la maestra latina, necesitarás a nada más y nada menos que un abogado latino. Mi punto es que querrás que los latinos sean tus amigos, así están de tu lado. Esto es de suma importancia: *somos la minoría más grande en este país.* Dado lo que nos espera a todos, ¿qué mejor momento que ahora para conocernos y entendernos?

Pero Cristián, ¿qué pasa con los que compramos tu libro por otras razones?

¿Cómo me podría olvidar de ustedes? Jamás. Cuando la gente se enteró de que estaba escribiendo este libro, muchos dijeron: "Ah, claro, eso tiene sentido, es súper buenmozo". Quiero aclarar esto. No rechazo ni niego mi apariencia, pero ¿qué tiene que ver eso con escribir un libro? No obstante, puse mi cara en la cubierta del libro. Espero que estés satisfecho con tu compra. Sin embargo, si pensabas que este libro sería uno de recetas tradicionales latinas, agregaré algunas de las mejores recetas de mi mamá, por si acaso. Finalmente, si reconociste mi nombre como actor y se te ocurrió que en este libro yo revelaría los chismes más jugosos de Hollywood, por favor déjales saber a los de la tienda que tienen el libro en la sección equivocada (a menos que esté expuesto al frente del negocio; ahí sí se puede quedar). De todas maneras, espero que disfrutes leyendo mi libro tanto como yo disfruté sonriendo para la portada, cosa que hice con tanto entusiasmo que al día siguiente me dolía la cara.

—CRISTIÁN DE LA FUENTE

P.D.: Sí, soy el latino que llegó a la final de la sexta temporada de *Dancing with the Stars*.

P.D.D.: Sí, la lesión de mi brazo fue real.

P.D.D.D.: Ya estoy completamente recuperado. Gracias por preguntar.

PRIMERA PARTE

QUIÉNES SOMOS: LO ESENCIAL

CAPÍTULO 1

¿"Latino" o "hispano"?

Tengo una buena y una mala noticia. La buena es que acabamos de comenzar un emocionante viaje juntos, y este viaje nos va a llevar hacia nuevos conocimientos. La mala es que una multitud enfurecida acaba de prender fuego a nuestro auto, así que tendremos que hacer dedo.

Para conocer mejor a una persona, lo primero que debes averiguar es cómo le gusta que la llamen. Aquí en los Estados Unidos, ¿cuál es el término correcto para identificar a una persona de Latinoamérica? ¿Es "Latino", "Hispanic", "Latin", "Mexican", "Spanish" o qué?

Mito: Odiamos que nos digan "Hispanic" o "hispano".

Verdad: El término "Hispanic" muchas veces se intercambia de igual manera con el término "Latino".

La única respuesta equivocada sería "Mexican", a menos que la persona sea de México, claro está, o "Spanish" porque España no es un país latinoamericano.

El gobierno de los Estados Unidos introdujo el término "Hispanic" en el censo de 1970, como una manera de identificar a todos los inmigrantes que provenían de (o que tenían padres que provenían de) países de habla hispana, sin importar su raza. La década de los setenta era otra época, y me imagino que si tu jefe venía de tomarse cuatro martinis durante el almuerzo, no sería capaz de darse cuenta que acababas de llamar a una minoría, que rápidamente está aumentando, "his-panic" o "su pánico". Y si es que sí se dio cuenta, le habrá resultado graciosísimo.

"Latino" se refiere a los orígenes latinoamericanos de muchos de los miembros de este grupo, y fue adoptado oficialmente en 1997 por el gobierno de los Estados Unidos como un sinónimo del término "Hispanic". Ninguno de los dos se refiere a la raza porque una persona latina o hispana puede ser de cualquier raza. Ahora "Latino" se volvió el término más popular en los Estados Unidos, pero ninguno se debe interpretar como ofensivo. Desafortunadamente, esto no significa que muchos de los latinos/hispanos no prefieran catalogarse de una u otra manera. Luego están los "Latin Grammy Awards", donde nunca he escuchado ni una gota de latín, así que hasta yo me confundí con eso. Los niños siempre tienen las mejores respuestas, entonces el otro día le pregunté a mi hija: "¿Cómo te gusta que te llamen?", y ella me respondió, "Laura".

Es una curiosa verdad observar que a veces la palabra más errónea es la palabra que más popular y más aceptada se vuelve. Al llegar a las Américas, Cristóbal Colón pensó que había desembarcado en la India, y hasta el día de hoy a los nativos de América se los sigue llamando indios. En vez de encontrar pimienta negra, Colón se encontró con chiles, pero igual los llamo pimientos, y así lo llaman muchos hoy en día. Así que, respetando esta tradición, en este libro voy a usar el término "latino" aunque sé que Julio César no hubiera entendido ni una palabra de *Sábado Gigante*. Y a todos los autodenominados "hispanos" que se encuentran ofendidos por esta decisión unilateral: Vuélvanse a España.

Miren cuán rápido hemos logrado dar el primer paso hacia una mayor claridad. Ya nos pusimos de acuerdo con utilizar el término "latino" para describir a la población estadounidense que habla español y proviene de un país latinoamericano, o nuestros descendientes, no porque sea necesariamente más correcto, sino porque es una etiqueta más corriente. Sin embargo, mientras hacemos esto, la realidad se nos cruza para nuevamente enturbiar todo este asunto. Un grupo de personas, al que llamo "latinos en limbo", introdujo un nuevo nivel de complejidad a este rompecabezas. A ver si logras reconocer a alguno de tus amigos latinos:

CASO #1: EL CAMALEÓN.

Un latino llega a los Estados Unidos, tierra de oportunidades. Está lleno de esperanza, pero cree que la única manera de triunfar en este país tan diferente del suyo es integrarse a esta nueva sociedad. Su pasaporte dice "Felipe Sánchez", pero en su licencia de conducir se traducirá a "Philip". Así nacen los Tyler Gutiérrez, Cody García y Nigel López de este mundo. A pesar de haber vivido sólo seis meses en los Estados Unidos, cuando llama a su familia en su país natal, "Philip" agrega un par de palabras en inglés en el medio de la conversación, como si se estuviera olvidando de su español. A este individuo no le importa si lo llamas hispano o latino, siempre y cuando lo hagas *en privado*.

CASO #2: LA TERCERA GENERACIÓN.

Él es nieto de inmigrantes. Su padre nació en los Estados Unidos, al igual que su madre, su hermana, su hermano y su perro. No habla español, porque escucha inglés todo el día y es lo que hablan sus amigos; el español sólo lo escucha cuando está con su abuelita. Aunque no tiene nada que lo ate a los latinos salvo comer arroz con frijoles dos veces a la semana, su licencia de conducir dice "Rolando Torreño de García". Y si alguien le pregunta su nacionalidad, contesta: "nuyorican".

Estos latinos en limbo no viven ni la experiencia de los inmigrantes, ni la de nuestros hijos, pero a su vez nunca serán cien por ciento americanos. Si comer la comida de un país es lo único que se necesita para afirmar que eres un ciudadano de ese país, entonces, qué te puedo decir, yo soy tailandés.

CASO #3: EL LATINO AL REVÉS.

Esta es generalmente la cuarta generación. Sus padres no tienen ni una gota de costumbres latinas, no hablan español, nunca han viajado al país de sus antepasados, nada. Es más, no conocen a nadie en ese país.

No parecen latinos, porque ya no lo son. Sin embargo, este personaje quiere desesperadamente ser reconocido como latino. ¿Por qué? Porque antes, ser americano era lo único que vendía, pero ser latino en el siglo veintiuno también vende. Entonces ellos sacan a relucir un retrato de su abuelo y reclaman sus puestos.

Christina Aguilera canta en español por fonética, vende millones de discos a latinos, pero necesita un traductor para las entrevistas con los medios hispanos porque no tiene la más remota idea de lo que le están diciendo. Por lo menos Cameron Diaz cuyo padre, Emilio Diaz, nació en Cuba, no intenta ser la estrella de películas en español ni tampoco anda gritando frases como "¡Muerte a Castro!", mientras hace sociales en los Oscars. Si este estilo de cosas continúan ocurriendo, terminaremos viendo a personas tan blancas como Conan O'Brien con guayaberas, bailando salsa y exclamando: "¡Oie, I'm Latino de alma, brother!".

CAPÍTULO 2

APRENDE A DIFERENCIAR A LOS LATINOS EN LOS ESTADOS UNIDOS

Empecemos por el principio: Los latinos no somos todos iguales. La gente latina no emigra de un solo país, sino más bien de varias tierras diferentes. Y la gente de esas tierras, a su vez vino de otras tierras diferentes. Venimos en más variedad de colores, figuras y tamaños de lo que alguna vez podría llegar a adoptar Angelina Jolie. Nuestros países de origen tienen mucho en común, sin embargo existen miles de pequeños detalles que nos distingue a unos de otros.

La mayoría de los latinos en los Estados Unidos son mexicanos, puesto que son países fronterizos y un gran pedazo de los Estados Unidos *fue* México hasta 1848. Los primeros cinco grupos latinos en los Estados Unidos, por origen específico son:

mexicanos: 28.339.000 (64,0%)

puertorriqueños: 3.988.00 (9,0%)

cubanos: 1.520.000 (3,4%)

salvadoreños: 1.372.000 (3,1%)

dominicanos: 1.217.000 (2,8%)

(Fuente: U.S. Census Bureau, 2006 American Community Survey)

Voy a darles un ejemplo de cómo diferenciar a los latinos basándose en sus países de origen. Es la mañana del lunes. Un día hermoso. Llegas temprano a la oficina y te enteras que han contratado a un empleado nuevo. Está en la oficina al lado de la tuya. El nombre en la puerta dice: Fernando Balmayor. Parece hispano. Tocas a la puerta y, mientras esperas, intentas repetir su nombre un par de veces en tu mente para aprender a pronunciarlo bien. Él abre la puerta. *"Hi, Furrnanhdou*, me gustaría presentarme. ¡Soy John de contabilidad!"*.

A partir de ese momento, tu meta es conocerlo mejor. Tratas de ser agradable y buscar algo de conversación, pero para llegar al próximo nivel, necesitas saber de dónde es. Te da la sensación que no es cortés preguntar de una vez ya que nadie te pregunto de dónde eres cuando tú empezaste a trabajar allí. Algunas de las siguientes pistas te pueden ayudar.

PISTA #1: LA TEMPERATURA.

¿Tu compañero de trabajo usa pantalones cortos en una tormenta de nieve, mientras disfruta de un helado? Si es así, es probable que sea de Sudamérica, hasta por ahí es de Chile. Ya ves que Dios no se quedó ahí en cuanto al juego de palabras cuando le dio a Chile forma de chile. También lo hizo bastante *chilly*, lo cual es fresco en inglés. Seguramente había sido un día bastante lento en el Cielo cuando se le ocurrió esto.

PISTA #2: LA ESTATURA.

Si tu colega tiene que ponerse en puntitas de pie para llegar al botón del piso quince en el ascensor, es muy probable que sea brasilero, mexicano o peruano. Mientras que la altura media de un argentino es de cinco pies ocho pulgadas y media, y la de un colombiano es más de cinco pies siete pulgadas, los brasileros tienen una altura promedia de un poquito más de cinco pies seis pulgadas, los mexicanos de un poco menos de cinco pies seis pulgadas y los peruanos un poco menos de cinco pies cinco pulgadas. Pero recuerda, ¡las cosas buenas pueden venir en paquetes pequeños!

PISTA #3: LA RUMBA.

Toma un CD de salsa y, actuando como si nada, ponlo a sonar en tu computadora y de a poco ve subiéndole el volumen. Mira a tu colega, sin llamar mucho la atención. Si es, digamos, centroamericano, seguirá trabajando o haciendo lo que sea que estaba haciendo. Pero si de repente salta de su silla, menea las caderas como si hubiera nacido bailando, mueve su corbata a un lado y sube los brazos al aire en frente de todo el departamento de contabilidad, este espécimen es caribeño. Un latino caribeño no podría resistir la tentación de bailar salsa, está en su sangre. Mi teoría sobre el baile es que cuanto más caluroso el país, mejor baila su gente. ¿Alguna vez has visto a un cubano, puertorriqueño, brasilero, venezolano o colombiano que no sea bueno bailando? Yo no. Y en esos países siempre hace calor. Mientras que en mi país, Chile, ¡siempre está *chilly*!

PISTA #4: LAS MUJERES.

Todo latino ama a las mujeres, hasta los hombres gay, no importa de qué país vengamos; y si es la mujer de otro, aún mejor. Es una de las cosas que nos une, así que no lograrás averiguar nada si llevas a tu hermana a la oficina. Es más, si lo haces te habrás equivocado a lo grande. Como hemos discutido, a nosotros los chilenos no se nos conoce por ser buenos bailarines. Pero, ¿le dejamos el título de "latin lover" caliente a los hombres de otros países? No, ¡creamos excelentes vinos que le hacen pensar a las mujeres que somos excelentes bailando!

PISTA #5: LA TÉCNICA DE ASUNTOS MIGRATORIOS.

Si todo lo anterior no funciona, de manera casual, haz referencia a tu último trabajo como asesor de inmigraciones y tus conocimientos de todas las reglas, leyes, enmiendas y opciones alguna vez escritas sobre el tema. Menciónalo y vuelve a tu escritorio. En menos de diez minutos tu colega latino estará parado en frente tuyo preguntándote sobre un caso personal, o el de un pariente, o el de un amigo, o el de un conocido. No te tendrás que preocupar por preguntarle su nacionalidad, ya que estará divulgando todo tipo de información personal, desde su país de origen hasta el tiempo y las circunstancias de su llegada a los Estados Unidos. Te mostrará fotos de su mascota, te invitará a cenar y te pedirá que seas el padrino de su futuro hijo.

Una vez que sepas de qué país viene tu nuevo amigo, puedes buscarlo en Google y luego sorprenderlo con tu conocimiento sobre todas las cositas que hacen que su cultura sea diferente a las otras culturas latinas. Te verá como alguien que es diferente a todos los demás gringos de la oficina. Mientras que, en realidad, no puede distinguir a todos los gringos, hará un esfuerzo especial *contigo*. ¡Bien hecho!

CAPÍTULO 3

MACHISMO Y FEMINISMO ENTRE LATINOS

"¡Los chicos grandes no lloran!", regañó el padre a Pepito. "¡Los chicos grandes no lloran!", repitió el abuelo de Pepito. Pepito sabía que tenían razón, especialmente ahora que había cumplido dieciséis años. Pero eso no ayudaba en nada cuando su hermana menor se negaba a compartir sus muñecas.

Mito #1: Todos los latinos son machos.

La verdad es que ser y actuar como un macho es un gran peso para cualquier hombre; es una obligación que recibimos tan pronto nacemos. Dentro del mundo del hombre latino, sólo tienes dos opciones:

1. Eres un macho

o

2. No eres hombre.

Aquí no existe punto medio. ¿Cómo puede ser tan extremo? Déjame contarte una experiencia personal reciente.

Nunca he tenido ningún tipo de problema con ninguna de mis computadoras, hasta que decidí escribir este libro. Como afirma la ley de Murphy: "Si algo puede salir mal, saldrá mal". A mi computadora no le gustaba esperar a que llegara la inspiración, así que se apagó para siempre, como un paro de escritores virtuales. Para resumir, terminé usando la computadora de mi esposa, una computadora portátil... con *tapa rosada*. Eso no importa cuando estás en casa, pero en este momento me encuentro en un avión, volando a Los Ángeles, luego de participar en un evento en North Carolina, y me traje su computadora portátil... esperando que llegue la inspiración.

La inspiración no llegó en mi cuarto de hotel, cuando estaba solo. Sin embargo, en cuanto subí al avión... me pegó. Este es uno de esos momentos donde le agradezco a Dios por dejarme vivir en los Estados Unidos, porque a nadie en el avión ni le importó que mi computadora tuviera una tapa rosada. Es posible que esto le parezca superficial a algunos, pero déjame decirte que representa una línea divisoria claramente marcada entre los gringos y los latinos. Si hubiera estado en un espacio público en Chile con una computadora portátil rosada, todos estarían gritando "maricón", lo cual no le resulta agradable a la gente gay. En muchos países latinos te catalogan como gay hasta por los detalles más mínimos —por ejemplo, si te ven dándole un beso a otro hombre. ¿Qué saben? Podrías estar haciendo una investigación para un futuro papel... por si algún día decides ser actor. Podrías estar representando la trama de *Brokeback Mountain*. No me quiero ir por las ramas pero la cosa es que, por lo menos en Chile, cuando tienes una Mac rosada, eres un maricón. En ese ambiente, no podría haber usado mi computadora rosada para escribir sobre computadoras rosadas, y tú no estarías deleitándote con este capítulo.

Mito #2: Todos los machos son *Latin lovers*.

Cuando estaba filmando *Driven* con Sylvester Stallone, había una escena de amor en donde Til Schweiger tenía que besar a Estella Warren, pero no podía hacerla, no era creíble. Luego de muchas tomas, Sly se levantó y le dijo: "Por eso lo llaman *Latin lovers*, ¿ven? Tú eres alemán, las únicas películas buenas que hacen son de guerra, y hasta en esas terminan como perdedores. Necesitas la sangre latina en tus venas para ser un *Latin lover.* ¡Cristián! ¡Ven aquí y muéstrale a Til como hacerlo!". Lo hice, terminé con una reverencia y volví a mi asiento, como si fuera lo más normal que me podrían haber pedido hacer.

Como pueden ver, no solamente los actores alemanes pueden interpretar papeles de soldados. La ventaja de los actores latinos es que nosotros podemos ser el "Latin Lover" pero también podemos ser el maldito bastardo. ¿Cómo lo logramos? Nos imaginamos que somos alemanes.

La cosa es que luego de décadas de mitos diferentes sobre la hombría latina, estos dos mitos principales (la del macho y el *Latin lover*) se han vuelto uno. Hoy en día un macho latino debe atender a demasiados títulos. No basta con no llorar. Tienes que ser un *Latin lover,* debes tener dinero para mantener a tu familia y tienes que ser más fuerte que un hombre normal. No puedes permitirte estar triste o deprimido, ni siquiera por un día. En casa, aparte de ser buen padre y esposo, tienes que ser carpintero, plomero, mecánico y electricista. En otras palabras, los mismos cuatro trabajos que haces para ganarte la vida fuera de casa. El macho latino no puede estar cansado porque lo tildan de inútil y haragán. Y espero que no creas que ser un *Latin lover* signifique que puedes ser un donjuán. Tristemente, no es así. Esto nos trae a la primera verdad del macho.

Verdad del macho #1: Un macho adulto siempre está casado.

No es que pase demasiado tiempo con su esposa —eso no sería digno de un macho que se respeta. Puede que ame u odie a su esposa, pero en público, sólo mostrará una sola cosa: indiferencia. En su interior, él desearía ser un donjuán, pero ¿Cómo haría sin ella? ¿Cocinaría e iría al mercado? ¿Lavaría su ropa y vería catálogos para elegir decoraciones para su casa? El sólo el hecho de considerar estas preguntas pondría su condición de macho en duda.

Verdad del macho #2: A un macho le encanta llamar la atención.

El macho latino usa camisas sin mangas y apretadas para recalcar sus músculos. A su vez, los machos siempre hablan fuerte. Cada palabra debe ser pronunciada con un grito de voz profunda, hasta para las cuestiones más triviales, como: "¡Me podrías pasar la sal, por favor!". Así es cómo consigues el miedo y respeto de tus primos a la hora de cenar.

Verdad del macho #3: Un macho huele a sudor.

Darse un baño no es cosa de machos ya que terminas oliendo a jabón y champú. Un macho con olor a primavera no es macho. Si algún día, un representante importante de productos para el cuerpo y baño inventa un jabón que huele a grasa de eje y carne, podríamos retomar el tema y tal vez entonces lo machos podrían darse un baño. Además, los machos no se afeitan todas las mañanas, aunque tampoco dejan que les crezca la barba demasiado. Es como si le mostraran al mundo que mientras que pueden dominar sus grandes bigotes, ni *ellos* lo pueden hacer totalmente.

Verdad del macho #4: Los macho no compran su propia ropa.

Claro que no lo hacen; ir de compras es una actividad femenina. Las esposas de los machos lo hacen por ellos. La tela que sus mujeres les eligen tiene que ser fuerte y resistente, como el uniforme de un constructor, pero también se debe poder usar en un casamiento o un entierro. Eso es ropa de macho. Si hay un agujero en la ropa, la esposa debe zurcirlo antes de comprar algo nuevo, porque cada rasgadura cosida es como una medalla de guerra.

Verdad del macho #5: Los machos se tiran pedos y eructan estén dónde estén.

Pueden estar en una entrevista de trabajo, en la iglesia o haciendo el amor con sus esposas. Al igual que los perros orinan para marcar su territorio, el gas de un macho sirve para reclamar su propiedad y también como advertencia hacia otros machos.

Verdad el macho #6: Un verdadero macho no soporta a los hombres que no son machos.

Un macho sólo se junta con otros machos como él, con los que pasa todo el tiempo discutiendo sobre quién es más macho. Una vez entre los suyos, se espera que un macho haga afirmaciones increíbles sobre su resistencia sexual, su poder adquisitivo, su tolerancia a la comida picante, la gravedad de sus hemorroides, la cantidad máxima de peso que puede levantar y cuánto tiempo puede aguantar la respiración bajo el agua. El macho es número uno, sea cual fuere el reto, como un superhéroe. Aunque parezca ilógico, luego de cualquier reunión de machos, cada uno de ellos volverá a su casa creyendo que él es el más macho de todos.

Verdad del macho #7: No hay machos "verdes".

Un macho no quiere saber nada de lo que es salvar el planeta, vivir una vida verde, rescatar a las ballenas, reciclar o tratar bien al medio ambiente. Un macho piensa en las maneras más extremas de gastar todos los recursos naturales que pueda. ¿Bombillas de bajo consumo? Las bombillas deben humear y quemarte las manos cuando las tocas.

Verdad del macho #8: No puedes separar a un macho de su auto.

Un macho necesita una camioneta enorme, ruidosa y tragagasolina. Nunca verás a un macho detrás del volante de un auto híbrido. Puede vivir en una casa pequeña, pero nunca podría conducir un auto pequeño. Si le alcanzara para comprar un camión con dieciocho ejes, lo usaría para ir al juego de béisbol de su hijo.

Cuando un macho entra a un auto, siempre es el conductor. No importa si este es un viaje en familia sin paradas de San Francisco a Nueva York y ha estado manejando por sesenta y nueve horas seguidas, un macho nunca dejaría que otra persona —especialmente su esposa— tome el volante. Los machos quieren estar al volante aún cuando se caen de borrachos, momento en donde igualmente niegan estar alcoholizados. Si ves a una mujer conduciendo un auto con un hombre en el asiento del pasajero, el tipo o ha quedado ciego por un accidente industrial y lo está llevando de urgencia al hospital, o has confundido a una mujer con rasgos masculinos como un hombre.

Verdad del macho #9: Para un macho, toda mujer es *sexy*.

Desde la vecina adolescente hasta la abuela de tu mejor amigo, esta es una de las pocas virtudes del macho: no discrimina. Una chica puede ser flaca o gorda, una abstemia amargada o una borracha descuidada, relajada o totalmente nerviosa y estridente, soltera o casada, amigable o una víbora —con tal de que sea mujer, un macho latino se la querrá llevar a la cama. Y, con suficiente maquillaje, hasta puede llegar a hacer una excepción a la regla.

Si estos nueve indicadores todavía no son suficiente para establecer si el latino que estás observando es verdaderamente macho, prueba hacerle las siguientes preguntas:

1. ¿Sabes el precio de una docena de rosas?

2. ¿Qué planes tienes para el próximo día de los enamorados?

3. ¿Qué fue lo último que dijo tu esposa?

Si de veras sabe la respuesta a cualquiera de estas preguntas, definitivamente *no* es macho.

A un macho de verdad no le importa lo que piensa el resto del mundo. Si se le antoja orinar, orina. Si tiene ganas de gritar, grita. Este día, en Chile, a mí se me antojó lavarme el cabello en público.

Cortesía de Cristián de la Fuente

EL FEMINISMO EN EL MUNDO LATINO

Las feministas latinas pueden ser difíciles de identificar. Ser feminista soltera, cuando tú decides cada paso de tu vida, es una cosa, pero puede ser un asunto delicado cuando formas parte de una gran familia multigeneracional. Para muchas mujeres latinas de familia, "la independencia" es vivir con su esposo y sus ocho hijos en otra casa que no sea la de sus padres. Nuestra tradición implica que los hombres y las mujeres se necesitan mutuamente. El macho puede ser macho al tener a una mujer que le lava la ropa, le cuida a los hijos, se hace cargo de la casa y mantiene la familia andando. Por otro lado, el macho le brinda a la mujer la vida de familia con la que siempre soñó, permitiéndole ser dueña de las áreas que más le importan, mientras maneja todo lo que ella cree es tarea de hombre. En ese sentido, creo que hay tanta o más comunicación y sinergia entre hombres y mujeres latinos que dentro de otras culturas. Tratemos de aclarar algunos mitos sobre las relaciones entre mujeres y hombres latinos:

1. Los hombres latinos no le guardan rencor a todas las mujeres, sólo a las casadas.

2. Los esposos latinos no son infieles por naturaleza, pero no les importa si las tareas de esposa son delegadas.

3. La ventosidad requiere tolerancia, pero no más que los estragos de catorce partos.

4. Mientras que es verdad que tu suegra fue una mujer más feliz que tú, también fue viuda a temprana edad.

El feminismo de las latinas encara retos únicos, como tratar de ir a una reunión de un grupo feminista cuando quien maneja el carro es su hijo adolescente, mientras dos preadolescentes se están peleando en el asiento trasero y un mocoso de cinco años con reflujo vomita encima de la presidente de la comisión de viajes en coche compartidos. Esa sufrida feminista finalmente llega y comienza el discurso, pero el bebé que está amamantando, a pesar de que ya tiene dientes, decide usar su pezón como un juguete de mascar, y encima descubre que su chofer está bajando pornografía a su teléfono celular. Se tendrá que ir temprano porque ya pasó la hora de acostar al bebé y los abuelos de ambos lados de la familia están en casa preocupados. No hay mucho que una feminista pueda hacer en una realidad así.

CAPÍTULO 4

Es posible que pienses que los latinos viven con mucho estrés previo a su llegada a los Estados Unidos, y lo cierto es que es verdad. Pero lo que tal vez no sepas es que también vivimos con mucho estrés una vez que estamos aquí. Es tentador deslizar tu mano por tu frente y pensar "Lo logramos. Emigramos", pero ese es sólo el comienzo de una nueva tanda de cosas por las cuales preocuparse.

Mito #1: Inmigrar a los Estados Unidos será el día más feliz de tu vida.

El latino que deja su país experimenta emociones y sensaciones encontradas consigo mismo y con aquellos que lo rodean. Le causa tristeza y dolor a su familia, que lo va a extrañar, envidia a aquellos que desearían irse a los Estados Unidos pero no tienen lo que se necesita para hacerlo, y felicidad a sus enemigos y adversarios, quienes estarán contentos de verlo partir. Todos le dicen adiós y lloran, pero lo que se encuentra debajo de la superficie es una guerra fría, una competencia entre él y sus amigos, su familia y sus conciudadanos, quienes decidieron quedarse en su país. Hay mucho en juego. Tiene que probarle a todos que esta aventura americana terminará siendo la mejor decisión de su vida. Las expectativas son altas —poder comer, por ejemplo. Esto nos lleva al segundo mito.

Mito #2: Llegar a los Estados Unidos siempre es un paso adelante.

No importa cuán mal te este yendo en un lugar, siempre te puede ir peor en otro. Una vez que el inmigrante está aquí, se da cuenta de que el éxito no es fácil. Está dispuesto a trabajar duro, pero eso no es suficiente. También tiene que tener suerte. Pase lo que pase, no puede defraudar a sus seres queridos. Tiene que probar que tomó la decisión acertada, y que no es un perdedor. Basado en una encuesta que he realizado personalmente, 69 por ciento de los latinos entrevistados mienten sobre su progreso y calidad de vida en los Estados Unidos cuando hablan con amigos y familia en su país. La excusa más común para ese tipo de comportamiento es: "No quiero que se preocupen por mí". La verdad es que muchos de nosotros nos sentimos avergonzados de lo que nuestros seres queridos —y aun peor, nuestros enemigos— puedan pensar de nuestra falta de logros en un lugar que todos llaman "la tierra de las oportunidades".

De todas las entrevistas hecha sobre el asunto, elegí algunas de las mejores mentiras que los latinos en los Estados Unidos le dicen a sus familias para esconder la verdad acerca de la situación económica en la que se encuentran. En general, el método consiste en decir una mentira que tiene un 20 por ciento de verdad. Luego, si descubren el fraude, siempre le podemos echar la culpa a un malentendido, una interpretación equivocada o un "fallo de vestuario".

- *"El apartamento es íntimo y tiene una vista lindísima"* en realidad significa "Somos veinte y dormimos en el piso de un estudio, pero tenemos un póster de Shakira en la pared". Nunca mandamos fotos del lugar donde vivimos y ni siquiera le damos nuestra dirección a nuestra familia (una búsqueda en Google Earth acabaría con la farsa).
- *"Tengo el trabajo de mis sueños"* significa "Tengo un trabajo". Esto ni siquiera es una mentira, porque seguramente estábamos desempleados en nuestro país

y tener un trabajo —sea cual fuere— es realmente lo que habíamos soñado.

- *"Los chicos ayudan mucho en casa"* significa "Mis hijos delincuentes están faltando al colegio". La solución aquí es simple: lleva tus hijos al trabajo. Cuando vean lo que un padre inmigrante tiene que hacer para sobrevivir, no verán la hora de llegar a clase.

- *"Nuestra familia está más conectada que nunca"* significa "No queremos salir de casa porque le tememos a la migra".

- *"La casa es pequeña, pero el corazón es grande"* significa "Tengo a catorce inmigrantes ilegales viviendo en mi garaje y no los puedo echar porque son todos primos".

- *"Mi jefe ha tomado un interés especial en mi trabajo"* significa "No me saca el ojo de encima ni por un minuto pensando que le voy a robar algo".

- *"Aunque estamos lejos, no perderemos nuestra raíces"* significa "Tratamos de aprender inglés, pero es más difícil de lo que pensamos".

- *"En cuanto ganemos algo de dinero, los iremos a visitar"* significa "Si alguna vez pegamos la lotería, se lo restregaremos en la cara".

Todo inmigrante latino debe, en algún momento, enfrentar el examen más difícil de su vida. Algunos lo intentan luego de un par de años, otros tardan diez o más en animarse y otros tantos parecen decididos a posponerlo indefinidamente. Debe enfrentar un panel de jueces y hacer todo lo que pueda para impresionarlos. Pondrá lo mejor de sí mismo, pero las preguntas serán brutales. No estoy hablando del examen de ciudadanía. Estoy hablando de cuando vuelve de visita a su país natal. No importa cuántos regalos lleve o cuán bien se vea al bajar del avión, el inmigrante que vuelve a casa siempre se equivocará en algún momento. Se tragará el anzuelo en lo que aparenta ser una pregunta inocente de uno de sus familiares, lo cual rápidamente se transformará en una interrogación detallada sobre el estado real de sus sentimientos y finanzas. Sí, puedes darte el lujo de comprarte el boleto de avión y la ropa de buena calidad con la que llegaste, pero ¿lo hiciste con una tarjeta de crédito? La verdad es que ni puedes hacer el pago mínimo mensual de la tarjeta, lo cual, por momentos, te hace considerar declararte en bancarrota. Hace catorce años dejaste tu país para cumplir el sueño de una vida mejor, ¿y todavía trabajas en la cocina de un restaurante? No hay nada malo en tener un trabajo manual, pero pensé que esto era tierra de oportunidades. ¿Fuiste a los Estados Unidos para *eso*?

A esta altura, podrías preguntar: ¿Por qué un inmigrante —que casi no habla inglés, es discriminado y acosado socialmente, no tiene muchas oportunidades para triunfar y es recibido con desdén en su propio país— decide quedarse en los Estados Unidos, a pesar de todo? Es un misterio complejo que requerirá muchos estudios. Cambiando de tema, ¿sabías que en este país puedes arrendar un Corvette nuevo por $629 al mes?

CAPÍTULO 5

La unidad familiar latina

Debería empezar diciendo que la palabra "family" en inglés viene del latín "familia" y quiere decir "hogar". Originalmente se refería a toda la gente que vivía bajo el mismo techo, sean parientes consanguíneos o no. Recién en los siglos dieciocho y diecinueve se empezó a emplear el término "familia" como lo utilizamos hoy día.

Verdad #1: Para los latinos, el significado de "familia" sigue siendo lo que era en la edad media.

Toda alma viviendo bajo el mismo techo es parte de la familia, aunque algunos hayan llegado esta mañana y nadie sepa sus nombres. La cosa es que, entre latinos, cuando te casas con tu esposa, te estás casando con toda su familia, y mejor que se lleven bien porque compartirás cada centímetro de tu vida con ellos.

Para una familia gringa típica, el hecho que sus hijos e hijas se vayan de la casa al irse a estudiar a la universidad tiene sentido, es una regla empírica. Tus hijos tienen que salir a encontrar sus sueños, lo cual muchas veces conlleva mudarse a otra ciudad, trabajar ahí, encontrar a su alma gemela, casarse y, al final, tener sus propios hijos. Los abuelos, las tías y los primos sólo los ven durante el Día de Acción de Gracias y la Navidad, y en algunos casos cada dos años, para así cubrir ambos

27

lados de la familia. Los abuelos se quejan de que sus hijos e hijas no los visitan lo suficiente, y los hijos e hijas se quejan de que sus madres los llaman demasiado seguido. Los latinos ven este tipo de historia en la televisión y quedan completamente desconcertados.

Un viejo dicho italiano resume la regla principal de la familia latina: "No hay nada más lindo que la familia unida". Esto no es más que una invitación abierta para las cuatro generaciones que esperan refugiarse bajo tu techo, y ni hablar de amigos cercanos, primos lejanos y "tías" y "tíos" quienes en realidad no aparecen en el árbol genealógico de la familia. Este variado grupo reclama los mismos derechos y deberes que el primer hijo de la cabeza de la familia.

A simple vista, este tipo de arreglo, con todas sus discordancias entre edades, sexualidades, gustos, horarios, morales, costumbres y hasta idiomas, parece ser algo infernal. Y en verdad lo es. Esto es lo que te vengo diciendo desde el comienzo de este capítulo.

En la década de los setenta, Arnold Toynbee, un historiador de las viejas civilizaciones del mundo, escribió: "La humanidad de seguro se destruirá a menos que logre crecer en conjunto como una unidad familiar". Para experimentar esta teoría ridícula, el señor Toynbee debería haber pasado un fin de semana con una familia latina. Después de esperar cuarenta y cinco minutos para usar el baño, sólo para encontrar que está tapado con un patito de goma, para que luego le digan que tiene que salir para que las cuatro chicas puedan arreglarse el pelo, mientras el adolescente se fuma un cigarrillo a escondidas y un tío no puede encontrar su pistola —¿la has visto?—, y cómo puedes pensar en el lujo de usar el baño cuando ni siquiera has ido a la iglesia hoy, ¿habrá jabones perfumados en forma de caracoles esperándote en el infierno? Esa experiencia hubiera sido suficiente para que edite su teoría y, en vez, diga: "La humanidad de seguro se destruirá".

Verdad #2: Cualquier excusa es suficiente para reunir a toda la familia.

Cumpleaños, feriados, bautismos, celebraciones religiosas, graduaciones, casamientos, divorcios, entierros, operaciones del corazón, días de paga, fútbol, parrilladas, *La fea más bella* y dominós, son todas buenas razones para dejar a un lado todo lo demás y pasar un rato con la familia. Una familia muy unida le enseña a sus hijos lo que significa el honor, los buenos modales y el respeto a la autoridad, con excepción de la patrulla fronteriza. En mi país, Chile, nuestro escudo de armas dice: "Por la razón o por la fuerza". Ese es un valor familiar que vale la pena para los niños, ¿verdad?

Verdad #3: Las familias latinas tienen un respeto profundo por los mayores.

Este es un valor que todo niño latino aprende en cuanto camina. Los latinos podemos llegar a trabajar en hogares de ancianos, pero difícilmente terminemos en uno. Los mayores son cuidados, consentidos, consultados y obedecidos. Por eso es que nunca nos vamos del hogar y tienes a cuarenta personas viviendo bajo el mismo techo... ¡nadie quiere perderse la oportunidad de ser uno de los mayores!

Mientras que una unidad familiar se puede estudiar en su totalidad, obviamente también está constituida por individuos que traen diferentes cosas a la mesa. Observemos algunos de los arquetipos más comunes:

- *El padre.* El jefe, la cabeza del hogar, el líder o —como le dicen, en secreto, en las familias más pobres— el culpable. Se levanta a las 4:00 de la mañana en punto para ir a trabajar y viaja tres horas en autobús porque no tiene auto. Vuelve a su casa después del atardecer, tan cansado que sólo puede comerse algo y caminar los pocos pasos que lo separan de su cama. Viendo lo cansado que está, no te puedes imaginar como hace para tener tantos hijos.

  Cuando se trata de la mesa familiar, el padre se sienta en la cabecera. Es el encargado de la oración previa y cuando cierra los ojos para rezar el resto de la familia aprovecha y le saca comida del plato, ya que siempre le dan la porción más grande. También esta encargado de meterle un miedo atroz a los novios de sus hijas y de enseñarle a su hijo de siete años como eructar sin que su madre lo vea.

Inmigró a los Estados Unidos a los doce años de edad. Los gringos lo ven como un latino. Los latinos en su país lo ven como un gringo. Fue criado con la convicción que el trabajo duro es la clave para una familia exitosa, aunque nadie le dijo que sería su trabajo duro y la familia exitosa de otro.

- *La madre.* Ella se ocupa de los pequeños, limpia, lava y cocina para todos. Lleva las cuentas y el dinero y busca trabajitos aquí y allá para pagar algunas de las deudas y sobrevivir. Cuando no está trabajando fuera de la casa, le encanta ver las novelas, y cuando está trabajando fuera... igual encuentra el tiempo para verlas.

  En la casa, ella es la que grita, llora, se ríe a carcajadas y cierra la puerta de un portazo. A veces, todo a la vez. Nadie se atreve a decirle que quizás está viendo demasiadas novelas.

- *El abuelo.* Inmigró hace cuarenta años. Se gana la vida con su cheque de jubilación y a costa de su hijo. Está orgulloso de haberle dado a la siguiente generación la oportunidad de buscar un futuro mejor. Constantemente está comparando los Estados Unidos con su país natal, donde todo era mucho mejor, aunque no ha vuelto ni una vez desde que se fue. "Allá no había contaminación como la hay en los Estados Unidos". Claro que no, si cuando se fue no había ni autos ni industrias.

- *El bisabuelo.* A los noventa y cuatro años, todavía camina por la calle mirando sin vergüenza a las adolescentes y retando a los matones a una pelea.

- *La hija adolescente.* Nacida en este país, casi no habla español, por lo que casi no interactúa con los mayores de la familia. Se viste con ropa más cara de lo que su mamá puede pagar y más *sexy* de lo que aprueba su padre. Todos los días elige a un miembro diferente de la familia con quien entablar una discusión, y al menos semanalmente, les recuerda a todos en la casa que no ve la hora de irse a la universidad para no tener que verlos nunca más. La familia sabe que falta para que algo así pase, dado que tiene quince años y todavía se encuentra en quinto grado.

- *El niño.* Siempre hay al menos un niño. Sea que los padres tenga veinticinco o setenta y cinco años, indefectiblemente tienen a un hijo menor de diez. Y sin excepción, el más joven es también el familiar más centrado. Habla inglés y español, es un estudiante tra-

Cortesía de Cristián de la Fuente

Los latinos siempre viajamos con nuestras familias. Aquí estoy jugando con mi hija durante el descanso en una grabación. Cada vez que jugamos al fútbol, ella gana.

bajador y practica una variedad de deportes. No entiende porque los adultos discuten tanto sobre todo, pero nunca se mete. Tal vez estás pensando: ¿Cómo puede ser que uno de los hijos sea tan *diferente* al resto de la familia? Si ves las novelas, encontrarás una pista.

Luego de años de estudio, el filósofo italiano Pasquale Bertone finalmente pudo producir una fórmula que se ha convertido en la representación matemática más acertada de cualquier familia latina:

Familia latina = Padre + Madre + Abuelo + Bisabuelo + (Tío x 3) + (Primo x 4) + (Niños x 3 / Vecino) + (Padrinos + Madrinas) + (Amigos x 6) + (Inmigrantes recién llegados x 2)

Pasquale Bertone perfeccionó esta fórmula luego de vivir tres años con una familia latina en su casa en Santa Monica, California. Hoy día el señor Bertone vive en Miami, o mejor dicho, está internado en una de las mejores instituciones psiquiátricas en Miami.

CAPÍTULO 6

TODA MUJER QUIERE SER LATINA

Cuando estuve en *Dancing with the Stars*, mi pareja Cheryl Burke —filipina— me invitó a la ceremonia de los Asian Excellence Awards, donde ganó en la categoría de Personalidad de Televisión Favorita 2008. Antes de la ceremonia, muchas de las personas estaban hablando en idiomas asiáticos. Era entendible; era una noche asiática repleta de celebridades asiáticas.

Un par de meses más tarde, me invitaron a la ceremonia de los American Latino Media Arts Awards, o ALMA Awards, que son premios otorgados a artistas latinos que promueven una imagen de los latinos en el mundo del espectáculo. Quedé totalmente sorprendido al llegar y ver a... Cheryl Burke pasando el tiempo con nuestras colegas latinas. ¿No que era asiática? Sé lo que estás pensando: Con qué derecho pregunto si yo soy latino y fui a los premios asiáticos... La diferencia es que yo no presentaba una categoría de premio en la ceremonia de ella.

Al volver de los ALMA Awards, no podía quitarme de la mente el hecho que el lugar estaba lleno de mujeres que no eran latinas. Ahí es cuando me cayó la ficha: aunque no lo acepten, en algún momento toda mujer quiere ser latina.

La latina es un paradigma femenino que nos quita el aliento, y no quiero decir que nos da un golpe en el estómago porque no le gusta cómo la miramos —lo cual en realidad pasa todo el tiempo— sino por su exuberancia. En miles de películas, ha sido representada como la hambrienta y extrovertida *femme fatal*, con su cuerpo voluptuoso, su vestimenta colorida y su eterna disposición para el amor físico. Pero déjame que te diga algo, no todo lo que ves en las películas es verdad... a veces se visten de negro. Veamos los cinco mitos más grandes sobre las latinas.

Mito #1: La latina siempre se ve feliz.

Creo que este mito es verdad. Al llegar a casa, mi esposa siempre está sonriendo —a menos que llegue a las tres de la mañana. En ese caso, me enseña los dientes, ¡pero igual se ve como una sonrisa!

Mito #2: Las latinas tienen "curvas".

Esto también es cierto. Sólo mira lo que logró Jennifer Lopez en este país, con una figura que es considerada normal en nuestra cultura.

Mito #3: Las latinas están más dispuestas a entrar en el juego del amor.

Sigue siendo un mito. Por un lado, como muchos latinos, están a la merced de su sangre apasionada y caliente. Por otro, debes encontrarlas a mitad de camino: si eres viejo, pelado, bajo de estatura, analfabeto y pobre... ni la "pasión latina" te podrá ayudar.

Mito #4: Las latinas pueden matar por sus hombres.

Esto es medio verdad. Sólo usan a sus hombres como una excusa para lo que iban a hacer de todas maneras.

Mito #5: Las latinas son más emocionales que la mujer promedio.

Una verdad innegable. ¿Cómo sé? Si todo hombre tiene cicatrices, las espaldas de los esposos latinos se parecen a la de Rambo.

Estos cinco mitos han creado una especie de *mística latina*. Las mujeres que no son latinas se encuentran atraídas por el comportamiento de la latina, y muchas veces tratan de copiarse de ellas, pensando que por ahí les agrega algo de picante a sus vidas. ¿Esto funcionara? No sé, pero vamos a averiguarlo.

Es hora de ayudar a mis lectoras gringas. Necesitas a alguien que te pueda ayudar a comprender a las latinas, sus comportamientos, sus formas misteriosas de pensar. Hagamos un experimento social imaginario. ¿Qué pasaría si dos grupos de mujeres —latinas y gringas— fueran desafiadas a vivir bajo el mismo techo, sin hombres, por treinta días?

Nota: Esta sería una buena idea para un *reality show*, así que si eres un productor de televisión, ¡por favor no me robes la idea!

Día 1: Ambos grupos de mujeres llegan a la casa donde vivirán. Las latinas exigen el primer turno para ducharse, y toman tres horas y quince minutos —cada una. La casa se queda sin agua caliente, y las latinas ahogan las quejas de las gringas con sus secadores de pelo.

Día 5: Las gringas no sienten ningún tipo de vergüenza en cuanto a sus cuerpos, por lo que caminan por la casa completamente desnudas. Las latinas golpean a una por tener un cuerpo demasiado bueno, lo cual es "engreído". La chica herida deja el programa.

Día 10: A estas alturas, las latinas han usado todo su maquillaje y el maquillaje de las gringas, e intentan hacer una sombra de ojos mezclando harina y guacamole.

Día 14: En un gesto positivo hacia la coexistencia, las latinas ofrecen cocinar una comida para compartir entre los grupos. Las gringas, satisfechas, aceptan. Se gastan cinco galones de aceite de freír que utilizan para hacer la entrada, el plato principal y el postre.

Día 15: Llaman al 911 cuando las gringas son diagnosticadas con indigestión severa.

Día 21: Las gringas piden permiso para salir de compras. Mientras esperan una respuesta, las latinas ya han hecho unas camisas atadas al cuello con la espalda descubierta usando las cortinas de la sala y el mantel de la cocina.

Día 28: El desagüe del baño se tapa por la cantidad de pelo que pierden las latinas cuando se peinan. Un plomero llega a limpiarlo. Cinco minutos más tarde, las latinas lo tienen encerrado en su cuarto y exigen por lo menos cuatro plomeros guapos más antes de finalizar el día, o matarán a una de las gringas.

Día 30: Se termina el experimento. En cuanto se abre la puerta, las gringas salen corriendo como si las estuviera persiguiendo el diablo. Las latinas llaman a sus familias y a los veinte minutos, 145 parientes se han mudando a la casa. Sacarlos de allí tomara treinta policías o un oficial de inmigración.

Para resumir, este ejercicio nos ayuda a comprender las muchas virtudes de las latinas. Toman muy en serio la higiene. Tienen curvas, pero también son modestas y esperan que las demás mujeres también lo sean, en especial las que tienen mejores cuerpos. Pueden ser muy creativas y recursivas. Son buenas cocineras y pueden comer cantidades de colesterol inmensurables sin envenenarse. No tienen miedo a dar el primer paso en el juego del amor. Y aman a sus familias.

Si eres una lectora que no es latina, tienes mucho por admirar y emular aquí. Si fuera tú, no comería tanto colesterol y, en vez de eso, empezaría por dar el primer paso en el juego del amor. Aunque nunca seas una verdadera latina, estoy seguro de que te divertirás probando esa virtud.

CAPÍTULO 7

Una manera eficiente de entender de dónde vienen los latinos en los Estados Unidos es, bueno, aprender de dónde vinimos. Si quieres aprender de manera rápida y acertada, agarra tu pasaporte mental y prepárate para el viaje en sillón de tu vida.

Primera parada, México. País fronterizo con cuatro estados americanos —California, Arizona, Nuevo México y Texas— es el país más poblado del mundo hispanohablante, con alrededor de cien millones de personas. El DF es la capital (lo cual significa "Distrito Federal"). Esta ciudad es una de las más colmadas del mundo —quince millones de habitantes— y su problema más grande es la contaminación del aire, seguido por la pobreza, el crimen y agua potable que mataría a un gringo. En cuanto pisas el aeropuerto, los taxistas sabrán que eres un turista americano y se te acercarán preguntando: "¿Taxi? ¿Hotel?". Para la suerte de todos, esas dos palabras se pronuncian y escriben de la misma forma en ambos idiomas.

Contestarás "sí", la única respuesta que ellos entenderán.

Aunque tu hotel se encuentra a sólo siete cuadras del aeropuerto, el taxi te saldrá cien dólares. Llámalo "un descuento gringo".

Una vez registrado en el hotel, no hay nada mejor que dar una vuelta para echarle un vistazo a la gente en la calle. Caminas un par de cuadras y de repente te azota una sensación de familiaridad: ¿No sientes como si estuvieras en Los Ángeles? Hay mexicanos por todas partes. La diferencia aparece cuando le das el primer mordisco al taco que te compraste en la calle. En México picante significa *muy* picante. Aquí lo que te queda es arreglártelas y luego correr al baño.

Sigues caminando, pero diez minutos más tarde, la combinación de tripitas y monóxido de carbono te marea un poco. Cuando abres los ojos, estás en el Hospital Juárez. Tratamiento latinoamericano, cuenta tamaño americano.

Retomas tu viaje, ahora hacia el sur. El próximo destino: Colombia, el país más al norte de Sudamérica. Hay alrededor de cuarenta millones de personas. Bogotá es la capital, al sur de Washington, D.C., 2.366 millas al sur, para ser más exactos. Aquí deberás abordar a los vendedores ambulantes, que forman alrededor de un 20 por ciento de todos los vendedores de la ciudad. Toman todo espacio público que puedan para vender todo lo que te puedas imaginar, sea legal o no.

En cuanto aterrizas en el aeropuerto El Dorado en Bogotá, los taxistas se acercan, intuyendo que eres un turista americano. Tratarán de hablar inglés: "¿Taxi? ¿Hotel? ¿Casa central de la DEA?".

Aunque te parezca extraño, sin importar cuán lejos sea tu hotel del aeropuerto, el taxi te saldrá lo mismo que en México: cien dólares.

Una vez registrado, con el equipaje asegurado en la caja fuerte del hotel, no hay nada mejor que dar una vuelta y echarle un vistazo a la gente en la calle. Algunos de tus amigos que hablan de más, puede que te hayan dado consejos sobre las calles colombianas: "Cuídate de los narcotraficantes". Eso no es más que una calumnia. Créeme, cuando caminas por cualquier calle latinoamericana, lo último que te debe preocupar son los narcotraficantes. La prostitución, los secuestros y los asesinatos te mantendrán suficientemente ocupado.

Mientras esperas para cruzar la calle, un chiquito te pide un peso colombiano, la moneda oficial. Lo miras, enternecido, y le das un dólar americano. El chico rápidamente llama a sus amigos y en treinta segundos están todos mirando el dólar americano, con ojos sobresaltados. Justo cuando sonríes al ver su asombro de niño, de repente se te tiran encima, apuntando a tu cartera y tus ojos. ¿Dónde quedó la inocencia? No lo sé, pero no la buscaría en las calles de Bogotá, Colombia.

Al despertar te encuentras en el Hospital Santa Clara. Tratamiento latinoamericano, cuenta médica tamaño narcotraficante.

Una vez mejor, decides llegar al fondo de tus estudios, y a uno de los países más al sur de Sudamérica, mi patria, Chile. La población de Chile se estima alrededor de los dieciséis millones. La capital es Santiago, donde nací, ubicada a 5.021 millas al sur de Washington, D.C. Hoy día Chile es uno de los países más estables y prósperos de Sudamérica, lo cual es como ser el enano más alto o el burro más inteligente.

Una vez que pisas el aeropuerto internacional Comodoro Arturo Merino Benítez en Santiago, los taxistas, intuyendo que eres un turista americano, empezarán a pelearse entre ellos, golpeando, pateando y echándose el ojo para asegurarse de que tú seas su pasajero. El ganador te preguntará: "¿Taxi? ¿Hotel?".

Esta vez te cobrará doscientos dólares, pero la mitad irá hacia la cuenta médica del taxista dado que se dislocó el hombro al pelear para ganarte como cliente. Chile es reconocido internacionalmente por sus vinos, así que decides darte el gusto de una rica cena para olvidar todos los pesares hasta ahora vividos.

Una vez en el restaurante, disfrutas de un jugoso bife y de un Cabernet. Pero ocurre algo inesperado —un grupo de cuatro encapuchados, armados hasta los dientes, entra gritando al lugar y obligan a todos a acostarse en el piso. Velozmente se llevan la plata, las joyas y hasta la ropa de todos los clientes. Los carabineros (la policía chilena) aparece, y luego de un fugaz intercambio de disparos, se llevan presos a los ladrones—a los dos sobrevivientes. Mientras tanto, te has desmayado y cuando abres los ojos, te encuentras en el Hospital Clínico de la Universidad Católica de Chile. Tratamiento latinoamericano, cuenta médica tamaño dueño de un viñedo.

Una vez recuperado, te subes a un vuelo directo hacia el Caribe, donde tendrás la oportunidad de visitar a tres islas llenas de posibles inmigrantes a los Estados Unidos: Puerto Rico, República Dominicana y Cuba. En todas, el taxi te costará cien dólares. Luego de visitar seis países, empiezas a comprender que cien dólares es la tarifa básica de cualquier taxi de aeropuerto para los gringos.

Das tu primer paseo en Puerto Rico y ves caras que te recuerdan algunas personas que has visto en Nueva York. Das tu primer paseo en la República Dominicana y también sus caras te recuerdan algunas personas que has visto en Nueva York. Das tu primer paseo en Cuba y la gente se te acerca, diciendo: "Por favor, ¿me podría llevar a Nueva York?".

En Puerto Rico te invitarán a bailar salsa y, si tienes suerte, una mujer te pedirá que la acompañes a su cuarto de hotel. En la República Dominicana, te invitarán a bailar bachata, y si tienes suerte, una mujer te pedirá que la acompañes a su cuarto de hotel. En Cuba te invitarán a bailar mambo, y hasta cuando no tengas suerte, una mujer te pedirá que la acompañes a los Estados Unidos.

Has pasado doce semanas duras, extenuantes y a su vez fascinantes viajando. Ya eres experto en el día a día de los países latinoamericanos. Has observado y vivido, por ti mismo, las experiencias que conforma el origen de tus nuevos vecinos. Has aceptado a diferentes comunidades y aprendido lecciones invalorables acerca de este heterogéneo grupo que llamamos "los latinos". Ahora deseas volver a casa, estás listo para volver a los Estados Unidos. En el vuelo de regreso, te das cuenta cuán afortunado eres de haber nacido en este país, donde por lo menos las reglas son claras y razonables.

Aterriza tu avión; ya estás en casa. Caminas rápidamente y con entusiasmo hacia la cabina de inmigración, donde el oficial revisa los sellos de los países que visitaste en tu viaje. Amablemente te pide que lo sigas a un cuartito de interrogación, donde te realizarán un registro de las cavidades del cuerpo porque estuviste en Colombia. Te interrogarán sobre tus afiliaciones con el partido comunista porque estuviste en Cuba. Exigirán que les digas cuántos inmigrantes ilegales ayudaste a que cruzaran la frontera y te tomarán las huellas como "persona de interés" en relación con el asalto del cual fuiste testigo en Chile. Cuatro horas y media más tarde, te dejan ir.

En el taxi yendo hacia tu casa, sonríes aliviado en cuanto empiezas a reconocer las calles de tu barrio. Aunque disfrutaste el viaje, las cosas definitivamente son mucho más cómodas en casa. Finalmente el taxi se detiene en la esquina de frente a tu casa y el taxista dice: "Son cien dólares".

CAPÍTULO 8

Arquímedes, refiriénose a la palanca, dijo una vez: "Dénme un punto de apoyo y moveré la tierra". Como Arquímedes, también deberemos emplear dos puntos fijos, el mundo latino y el gringo, si es que queremos llegar a un entendimiento más claro entre los dos. Para eso, voy a tratar de explicar cómo latinos y gringos reaccionan de manera diferente cuando se enfrentan a una misma situación extrema. Mi padre me enseñó que si tú quieres conocer realmente a una persona, debes observar como se comporta en la mesa o en el juego. Trataré de aplicar el mismo principio a esta situación, pero llevado al límite de lo lógico. Si podemos definir los límites y las barreras del comportamiento latino versus el del gringo en las escenas más radicales de la vida, quizá podamos lograr una visión más clara de cómo ambos grupos pueden simpatizar un poco más.

- *Situación A.* El centro nacional de huracanes emite una advertencia de huracán. Una tormenta de categoría 5 está en camino a tu ciudad. El gobierno declara una evacuación obligatoria dentro de las próximas veinticuatro horas.
  - **Familia gringa:** Pasan dos horas empacando sus pertenencias más atesoradas y evacúan el lugar.

- **Familia latina:** Pasamos dos horas comiendo todo lo que hay en el refrigerador, luego hacemos fila fuera del baño para evacuar.
- **Familia gringa:** Ponen las persianas anti-huracán para cubrir las ventanas.
- **Familia latina:** Las ventanas ya estaban cubiertas de ladrillos cuando nos mudamos.
- **Familia gringa:** Sacan un poco de dinero del cajero automático y se van al refugio.
- **Familia latina:** Nos vamos directo al refugio y sacamos nuestras tarjetas latinas de cajero automático —las tortillas que les venderemos a todos los evacuados.
- *Situación B:* El niño de siete años de la familia saca un Insuficiente en su boletín de calificaciones. ¿Qué hace el padre?
  - **Padre gringo:** Pone al chico en penitencia.
  - **Padre latino:** Amenaza al chico con llevarlo a la penitenciaría.
  - **Padre gringo:** Le dice a un maestro particular que debería comenzar a darle clases en casa cuanto antes.
  - **Padre latino:** Le dice al maestro de la escuela que debería empezar a correr cuanto antes.
  - **Padre gringo:** Finalmente ve el lado positivo —al fin y al cabo los niños son niños, y lo charlan en familia.
  - **Padre latino:** Finalmente ve el lado positivo —tener una calificación, sea la que sea, significa que el niño sí está yendo al colegio.
- *Situación C.* Un policía te agarra conduciendo embriagado.
  - **Gringa:** Trata de disimular que se tomó un trago.
  - **Latina:** Trata de mostrar su escote.

- **Gringa:** Le da al oficial su registro de conducir.
- **Latina:** Registra las manos del oficial.
- **Gringa:** Sonríe porque ha aprendido su lección.
- **Latina:** Sonríe porque está en el programa *COPS*.
- *Situación D.* Recibes una llamada de tu hermana. Tu abuela falleció hace unos minutos de causas naturales. Tenía noventa y siete años.
  - **Nieta gringa:** Desearía asistir al funeral, pero ya compró sus boletos para las vacaciones en Cancún, con dos meses de anticipación.
  - **Nieta latina:** Le dice a su hermana que ya lo sabía, ya que las tres han compartido una misma cama durante los últimos dos años.
  - **Nieta gringa:** Piensa: "¿Será que heredaré sus diamantes?".
  - **Nieta latina:** Piensa: "¿Será que heredaré su diabetes?".
  - **Nieta gringa:** Se queda despierta toda la noche, aún recuerda el olor a perfume de la abuela.
  - **Nieta latina:** Se queda despierta toda la noche, la abuela ha dejado el colchón "perfumado."
- *Situación E.* Tu hija adolescente dice que está embarazada de cinco meses.
  - **Madre gringa:** ¿Me podrías decir quién es el padre?
  - **Madre latina:** ¿*Sabes* quién es el padre?
  - **Madre gringa:** Voy a llamar a nuestro terapeuta familiar.
  - **Madre latina:** Voy a llamar al estuprador.
  - **Madre gringa:** Te vamos a mandar lejos a que tengas este bebé. Luego, cuando vuelvas, diremos que es mío.
  - **Madre latina:** Pasarás lo que queda de tu embarazo en tu habitación. Cuando nazca el niño, diremos que es mío.

CAPÍTULO 9

Así que tu hija está de novia con un latino...

Puedes pensar que a ti no te pasará, pero si tienes a una hija entre trece y setenta y cinco años, este capítulo es pertinente en tu vida. Cupido puede lanzar un churro directo al corazón de tu hija. Pero no te preocupes, como todo hay pros y contras.

LOS PROS DE QUE TU HIJA SE CASE CON UN LATINO:

- Clases de español gratis para tus nietos.
- Estacionamiento valet gratis mientras duermes, con doscientas millas extras en tu odómetro.
- Verás a tu hija más seguido, ya que ella y su esposo se mudarán a tu casa.
- Tu hija podrá aprender a cocinar con la mamá de su esposo.
- La gente buscando trabajo afuera de Home Depot te saludará por tu nombre y te ofrecerá descuentos.
- Él no insistirá en que tu hija "sólo sea un ama de casa"; también será ella quien mantendrá a la familia.
- Ahorrarás en cuidados médicos al tener a la bruja Estrella, quien les tratará todo con remedios caseros.

- Toda la familia podrá aprender a bailar, a menos que se trate de un chileno.

LOS CONTRA DE QUE TU HIJA SE CASE CON UN LATINO:

- Chino, Triste, Frisky, Lil' Frog y Loco... un gran contra: amigos presos.
- Una vez que tu esposa conozca a tu yerno "macho, latino y *Latin lover*", esperará más de ti.
- Tu casa siempre estará repleta de amigos... Chino, Triste, Frisky, Lil' Frog y Loco.
- Tus nietos te dirán "gringo".
- Tu cuenta de teléfono tendrá muchas llamadas no autorizadas a Sudamérica.
- Tendrás que viajar a conocer a los padres del tipo, y puede ser un viaje sólo de ida.

DIEZ COSAS QUE TODO PADRE GRINGO DEBERÍA SABER SOBRE LOS LATINOS

- Dejamos a nuestras esposas embarazadas con frecuencia. Y a veces, hasta dejamos embarazadas a las esposas de otros.
- Nos gustan los deportes. Nos encanta ganar. Odiamos perder. No somos buenos perdedores.
- Nos gusta abrazar a nuestros suegros. Y a veces les agarramos las nalgas, si están buenos. No se alarmen, es cultural.
- Cuando ganamos una apuesta, queremos el dinero enseguida. Cuando perdemos, por favor entiende que estamos pagando la medicación de nuestra abuelita y los papeles de ciudadanía de nuestro abuelito.
- Esperamos que tú corras con los gastos del casamiento. Y la luna de miel. Y el auto. Y la casa.
- No nos gusta pagar impuestos. A nadie le gusta, pero nosotros no los pagamos.

- Puede que tengamos hijos de relaciones anteriores. No te sorprendas si alguno de ellos te toca a la puerta para pedirte un préstamo. Concédele el dinero. Mejor aún, dánoslo a nosotros y nosotros se lo daremos a ellos.
- La verdad es que no tenemos un trabajo que se hace desde casa, sólo decimos eso para poder pasar más tiempo en la hermosa casa que nos compraste.
- Amamos a tu hija más que nada en el mundo, y la protegeremos con nuestras vidas... especialmente del cartero, y del que trabaja en Starbucks, a quien tan inocentemente saluda.

Debo hacer una aclaración. No estar contento con la persona que elige tu hija no necesariamente tiene que significar que eres un discriminador. En otras palabras, podrías ser el presidente de una organización sin fines de lucro que tiene como meta principal ayudar a los inmigrantes. Pero digamos que tu hija está saliendo con Pedro, un chico latino al que le faltan dos dientes y trabaja en la gasolinera cerca de tu casa. Eso no puede pasar, y no porque tú tengas prejuicios contra los latinos. Tienes que inventarte un plan para destruir esa relación, y esto requerirá que seas despiadado con las declaraciones en su contra. Estas son algunas afirmaciones que te pueden ayudar; siéntete libre de elegir la que mejor funcione y de decírsela a tu hija en el momento justo.

- Debo confesarte algo: soy gay. Y no sólo eso, estoy enamorado de Pedro, tu novio, y él también me ama. Me dijo que estaba saliendo contigo para estar cerca mío.
- ¿Qué pasó con mis dedos? No es nada. Algunos de los encantadores amigos de Pedro pasaron para pedir que les pagara la plata que les debe. El no estaba en casa, pero no me creyeron.

- Investigué los antecedentes de Pedro y encontré que no es soltero. Fue viudo cuatro veces en los últimos dos años, y todas sus esposas murieron envenenadas.
- Pedro está hablando por teléfono en mi cuarto. Escuché algo sobre un envío de Colombia bajo *tu* nombre.
- Pedro llevó a tu mamá a la casa de un curandero latino que puede hacer desaparecer sus dolores de cabeza. Tenía algo que ver con sacrificios de animales, pero no presté mucha atención.
- Hay una chica de trece años en la entrada de casa que te quiere contar un secreto acerca de Pedro. No; no dice ser su hija; dice que es su esposa.

Si ninguna de estas alternativas funciona, por ahí el mito del donjuán es más que una leyenda. Si no, no me explico cómo es que tu hija le gusta Pedro. Piénsalo, y recuerda tu aventura hace treinta años con la mucama de tus padres, Lupita. Como tu hija tiene tus genes, la conclusión es obvia. Siempre se culpa a los padres de los problemas de sus hijos, así que si los vas a castigar, empieza contigo mismo.

CAPÍTULO 10

Cómo NO llamar a un latino...

Los latinos en los Estados Unidos están sujetos a una gran variedad de nombres ofensivos. Estoy hablando de términos racistas. Las preguntas son: ¿De dónde vienen? ¿Dónde y por qué se utilizan? ¿Y por qué te estoy haciendo estás preguntas como si me las pudieras responder?

Los encasillamientos que estamos por discutir son prohibidos entre los latinos. Realmente sería un insulto escucharlos, pero como bien dijo John Leguizamo: "El uso de la palabra prohibida una y otra vez es una manera de drenarla de su fuerza negativa. El punto es que al suprimir la palabra, se vuelve maliciosa. Si repites la palabra cuantas veces puedas, perderá su significado". Bueno, esto es bien interesante, pero déjame darte un consejo. Si eres blanco, no te está hablando a ti. Si vas a "repetir la palabra cuantas veces puedas", asegúrate de estar en un cuarto sellado o un refugio nuclear.

Spic. Supuestamente esta palabra viene de la pronunciación equivocada de la palabra *speak* (hablar en inglés) por parte de los hispanoamericanos *(¡No spic English!)*. Creo que los gringos lo adoptaron para ajustar cuentas con nosotros desde que nosotros empezamos a usar el término "gringo" para referirnos a ellos. De acuerdo a una versión popular de la etimología de este término, "gringo" viene de la frase en inglés "green go home" (verde vuelve a casa), lo cual a veces era la reacción de los mexicanos al ver pasar a los soldados americanos, refiriéndose al color de sus uniformes. ¿No es curioso como cada vez que un latino se equivoca en la pronunciación de algo, se vuelve una jerga nueva, pero cada vez que los gringos se equivocan, se vuelve el nombre oficial de un estado?

Chicano. Otra pronunciación equivocada. Este término proviene de una palabra precolombina que usaban los indios mexicanos para describirse: "meshicas", la cual después se volvió "meshicanos" y hasta "shicanos". Hoy en día se refiere a los ciudadanos americanos de ascendencia mexicana, quienes no se identifican como gringos ya que no son ni de allá ni de acá. Mientras que algunos latinos lo consideran un término racista, se considera más bien como una palabra politizada más que despectiva. Si eres un chicano leyendo este libro quizás no estés de acuerdo, pero creo que la mayoría de los cuarenta millones de latinos en este país se sienten "ni de aquí ni de allá". Yo llevo sólo diez años en este país y mírame: hablo "spanglish", como aguacate con papas fritas y juego fútbol con mis manos. Es sólo cuestión de tiempo hasta que todos lleguemos a ser chicanos.

Anchor Baby. No, esto no es una muñeca de colección agotada en las tiendas, esas que sólo consigues en eBay por doscientos dólares pero así y todo la compras para que tu sobrina no se muera de la desilusión. Pero ahora que lo mencionas, podría haber hecho una fortuna con esa idea. En fin, los *anchor babies* (bebés anclas, o hijos de inmigrantes que nacen en los Estados Unidos), bajo la disposición del Immigration and Nationality Act de 1965, automáticamente puede elegir tener la ciudadanía americana. Por lo tanto, este inmigrante jovencito podría patrocinar la ciudadanía de miembros de la familia que todavía están fuera de los Estados Unidos. Suena como la confabulación perfecta para conseguirle la ciudadanía a todo tu pueblo, pero con una condición. El *anchor baby* tendrá que esperar hasta cumplir dieciocho años para empezar el trámite de patrocinador. Los inmigrantes que están dispuestos a dejar nuestros países quieren el sueño americano ahora, no en dieciocho años. Para entonces, habremos perdido todas las oportunidades de ganar la lotería. Créeme, si todo lo que necesitarías hacer para conseguir la ciudadanía en este país fuera tener un hijo aquí, verías a los latinos teniendo relaciones sexuales en cada esquina de cada ciudad de los Estados Unidos. Sé que eso está pasando, literalmente, pero no es por la ciudadanía.

Beaner. Este en general se refiere a personas con ascendencia mexicana, dado que ellos tradicionalmente comen muchos frijoles (*beans*). Hoy en día, a casi ninguno de mis amigos mexicanos les parece ofensivo este término. Cuando lo usas por primera vez, se ríen, a la segunda sonríen educadamente y para la tercera te matan al perro. Para mí, los términos relacionados con la comida son los más ridículos de todos porque en verdad no son tan negativos. Tienes que ser muy tonto para ofenderte con un apodo basado en lo que comes. "Ah, ¿sí? ¿Nos llaman *beaners*?". ¡Pues ustedes son unos hamburgueseros! Qué importa.

Nuyorican. Aunque este no es un término racista, lo incluí porque se puede usar de manera degradante para implicar que un latino está demasiado asimilado a la cultura americana. Proviene de una mezcla de las palabras "New York" y "Puerto Rican". A mí me gusta este término porque tiene algo musical al decirlo. En mi caso, un chileno viviendo en Los Ángeles, ¿cómo quedaría? "¿Chilosangelino?". Evidentemente, no siempre suena bien.

Wetback. Este es uno de los términos más despectivos; se refiere a inmigrantes ilegales que cruzan el Río Grande nadando (*wetback* significa "espalda mojada"). Personalmente no lo entiendo porque si yo tuviera que cruzar el río lo más rápido posible, no lo haría nadando de espalda. En vez de eso, creo que la patrulla fronteriza me confundiría con un atleta olímpico entrenando para romper el récord mundial del estilo mariposa de los 2.000 metros. Nadaría tan rápido que en vez de que me disparen o me corran los perros, me contratarían para un comercial de Speedo y para una aparición especial en *Entourage*.

Marielito. Este es el término que se usa para describir los más de 100.000 cubanos que huyeron a los Estados Unidos del puerto del Mariel en 1980, luego que Castro dijo algo como: "Quien quiera irse, se puede ir". Cuando los oficiales de los Estados Unidos se enteraron que muchos de los exiliados habían sido liberados de cárceles cubanas e instituciones psiquiátricas, el éxodo fue detenido por común acuerdo entre ambos países. Los refugiados podrían quedarse, pero todo el episodio causó una sensación donde se interpretó que los marielitos eran todos criminales. Hoy día, este término no tiene importancia, ya que la mayoría de los latinos son percibidos como criminales. Creéme, estoy leyendo guiones para cinco papeles diferentes, y todos terminan en la cárcel a los cinco minutos de comenzada la película.

Balsero. Este término se refiere a los latinos que llegan por mar en una balsa. Se usa mayormente en Miami para describir a los inmigrantes ilegales de Cuba, porque la isla está a sólo noventa millas de este país. Básicamente un "balsero" es un "marielito" sin el consentimiento de ambos gobiernos... y sin un barco. Hacen sus propias balsas y esperan flotar hacia la libertad. Créeme, si los cubanos pudieran aprender a construir una bici-avioneta, habría una nube de ellas sobrevolando el aeropuerto de Miami todos los días.

Fresh Off the Boat. Este término primero fue usado para describir a personas de origen asiático, pero ahora significa cualquier inmigrante que todavía no ha aprendido la cultura, el idioma y las costumbres de este país. Pero bueno, ¿qué esperas? No es tan fácil. Me gustaría ver a un grupo de gringos volar, digamos, al Japón y tratar de asimilarse a esa cultura. Ah, espera, eso ya lo he visto: ¡fue un *reality show* hace un par de temporadas! Los latinos inmigran, trabajan duro por poca paga y sin embargo les faltan al respeto y les niegan oportunidades a cada rato. Los gringos hacen exactamente lo mismo, pero logran encontrar patrocinadores, contratos lucrativos de sindicación y fama como estrellas de televisión en *reality shows*. Estados Unidos, tienen mi respeto. Si la vida es un concurso de televisión, ustedes dominan el rating.

CAPÍTULO 11

Así que estás saliendo con la hermanita de un latino...

Es sábado a la noche en el bar más de moda de la ciudad. Sólo te dejan entrar con una invitación especial, firmada a mano por el dueño, y es posible que hasta eso no sea suficiente. Es así de exclusivo. Los porteros gigantes te saludan con un apretón de manos. La onda adentro es ideal, la música está suave, las mujeres están buenas y, claro, todas te están mirando. ¿Alguna vez estuviste en una situación así? Claro que sí, eres un ciudadano de los Estados Unidos. Te sientes así casi todos los días.

Has venido al bar solo, a celebrar lo que para ti fue un gran día, uno de esos días en que todo va bien: te gusta lo que ves en el espejo, y te sientes poderoso y en la cima del mundo. ¿Alguna vez te sentiste así? Claro que sí, eres un ciudadano de los Estados Unidos. Te sientes así casi todos los días.

Pides un trago, algo suave. Después de cuatro tragos más, te sientes bien suave, quizás lo suficiente para acercarte a *ella*: la que está arriba del parlante, bailando a lo loco, meneando las caderas y moviendo el cabello como si fuera una propaganda de champú. Se ve diferente, tal vez sea sorda. Rubia, alta, buenas curvas, ojos bellísimos —adivinas estas cosas porque no puedes quitarle la mirada a sus pechos.

Dos minutos más tarde, ambos están en la sala VIP. Una hora más tarde, luego de muchas risas y más tragos, sabes que su nombre es Taylor y te dice que se va al baño a retocar su maquillaje. No es necesario, es despampanante. Lo último que recuerdas es su cintura y caderas balanceándose sensualmente mientras se alejaba. Apagón.

Antes de darte cuenta, es la mañana siguiente y la luz del sol baña la habitación. Estás en tu cama, desnudo, con un dolor de cabeza atroz y todo parece dar vueltas. Hay un solo problema: no es tu cama. Ni siquiera es tu casa. Te abruman las preguntas, los pensamientos, mientras le juras a Dios que nunca tomarás otro vaso de alcohol en tu vida. ¿Qué pasó anoche? ¿De quién es esta casa? ¿Quién mató a JFK? Buscas pistas alrededor de la casa para ver de quién es, pero no hay necesidad de hurgar demasiado. En su mesa de luz hay una foto de... Taylor. ¡Sí! ¡Sí! ¡Ay Dios mío! ¡Sí! ¡Triunfaste! ¡Te acostaste con la mujer más buena del lugar!

Te preguntas donde estará tu nueva hermosura, ¿preparando el desayuno quizás? Caminas por el cuarto, desnudo, entusiasmado, encantado y un poco sorprendido. No tienes idea qué pasó anoche, pero si te despertaste ahí, ¿no puedes asumir que pasó todo lo que tenía que pasar?

Mientras estás por llamar a tu amada, algo colgando de la pared te llama la atención. Es un diploma de la secundaria, fechada a sólo dos años atrás, emitido a: Guadalupe Taylor González. Parece que "Taylor" es latina. Bueno, quizás tu sueño de tener una familia totalmente americana tiene que ajustarse a las nuevas circunstancias, pero igual sales ganando. No es que seas racista y Taylor —digo, Guadalupe— es una de las mujeres más atractivas que jamás hayas visto. Los únicos que no estarían de acuerdo contigo son sus hermanos y hermanas consentidas, dieciséis de los cuales están tomando el desayuno en la cocina sin siquiera sospechar que tú estás allí.

Escuchas voces que vienen del otro lado de la casa —el cuarto de al lado. La conversación rápidamente se torna en una discusión, y se puede escuchar claramente una voz masculina encendida exclamando frases como: "¿Gringo?" y "¡Lo mato!". Eso es lo único que necesitas oír para saber que ya es hora de saltar por la ventana.

Dos días más tarde, suena el teléfono. Lo primero que escuchas es la voz dulce y tierna de Taylor diciendo: "Te amo". ¡Así son las latinas! Una sola noche juntos, nadie sabe bien qué pasó y qué faltó, y ya están diciendo "Te amo".

Tratas de convencerla de que no funcionará: hay una diferencia de edad, de culturas, y la diferencia entre seguir vivo o que te asesinen sus parientes. No escucha. Sin embargo hay buenas noticias: la voz que escuchaste no era la de su padre, sino la de su hermanito Lalo. La mala noticia es que su "hermanito" Lalo mide 6 pies 4 pulgadas y pesa 250 libras, acaba de salir de la cárcel en libertad condicional y es él quien maneja los "asuntos familiares". Teniendo todo esto en cuenta, hay dos opciones para considerar:

1. **Las excusas para dejarla.** Tienes que tener mucho cuidado si vas a seguir este camino. Lo último que quieres es una latina enojada, o peor, su enfurecido hermano ex convicto, que maneja los "asuntos" de la familia. Aquí hay algunos ejemplos de lo que puedes intentar, bajo tu propio riesgo, por supuesto:

   - "Me reclutó el ejército y me voy esta tarde al Medio Oriente". Si no te cree, mejor que de verdad te prepares para ir al Medio Oriente... huyendo.

   - "Quiero estar preparado para conocer a tu familia. Me voy a tomar un curso de español que dura tres años, en España". Ella te esperará, y también lo hará Lalo, quien está emocionado con la idea que al volver le entenderás los insultos que te dirá, en español, mientras te da golpes en la cara.

   - "Mañana tengo una cirugía para cambiarme el sexo". Aquí el riesgo es la posibilidad de que su hermano esté en busca de una cita, y le interese ver cómo quedas después del la operación. A veces pareciera que serás parte de esta familia, te guste o no.

2. **Gánate la confianza del hermano.** Si llegamos a esto, voy a asumir que el primer plan falló. Quiere decir que no creyó ninguna de tus excusas, Lalo está yendo a tu casa y, para respetar a tu familia, Taylor le ha pedido que "parezca un accidente" —gracias a Dios esa chica te ama. No pierdas la esperanza, todavía puedes probar decir lo siguiente:

- "Mi padre trabaja en el congreso. Podemos limpiar tus antecedentes penales y arreglar tu historial de crédito". El soborno tiene un papel largo y apreciado en la política latinoamericana, así que se sentirá halagado por tu sensibilidad cultural.

- "¡Soy un agente secreto de la migra y te agarré!". Con suerte, Lalo puede creer que todos los latinos corren el riesgo de ser deportados, hasta los que son americanos de tercera generación, como él.

- "Soy el coordinador del casting para una nueva novela llamada *Amor desgarrador*, y creo que serías perfecto para el papel principal". Ningún latino podrá resistir jamás una oferta de este tipo. Es más, en mi caso la primera oportunidad de ser actor en una novela se me presentó vengando a mi hermana.

Un último consejo: Antes de tomar una decisión apresurada, escucha lo que sea que Taylor te quiera decir. Muchas veces nos equivocamos en pensar que lo sabes todo, y nos perdemos los pedacitos de información que podrían salvarnos la vida. Los siguientes ejemplos son cosas que Taylor puede llegar a decir por teléfono, mientras su hermano está en camino para "hablar" contigo:

1. Estoy embarazada, y somos una familia muy religiosa.

2. Si no te casas conmigo, me deportarán el mes que viene.

Esto no cambia nada. Es más, pueden crear aún más problemas para ti. Pero también existe la siguiente posibilidad:

3. ¿Esa noche? No, no pasó nada entre nosotros. Te desmayaste y me diste lástima, por eso te dejé dormir un rato en mi casa.

La opción tres es un momento agridulce. Triste porque tu sueño de haberte acostado con la mujer más *sexy* del bar fue una ilusión. Pero, a su vez, feliz, si es que puedes convencer a Taylor de que le diga la verdad a su hermano *antes* de que rompa tu puerta, y tus dientes, a patadas.

CAPÍTULO 12

Así que te quieres acostar con una latina...

Sí, esta es una foto de mi casamiento. Seguramente tú habrás oído decir que la mujer latina necesita la ayuda de un escuadrón policial para lograr que su novio firme el acta de matrimonio. Eso es verdad, pero en mi caso, fue la Escuadrilla de Alta Acrobacia Halcones de la Fuerza Aérea de Chile.

Las chicas latinas son como los padres fundadores de este país: creen que todos los hombres fueron creados iguales. Igualmente perezosos, desordenados, calientes como perros, y quieren usar a las mujeres sólo para el sexo y luego abandonarlas. Nosotros debemos luchar contra este mito. Y yo soy una prueba viviente que es un mito porque hace muchos años que estoy felizmente casado con una latina. Como verás, mi estado civil —y mi experiencia personal antes de casarme— me da el derecho a que me reconozcan como experto en el área de ligarse con latinas. Aquí hay algunos consejos que te pueden ser útiles.

LAS CINCO FRASES PRINCIPALES QUE DEFINITIVAMENTE DEBES DECIRLE A UNA LATINA:

5. Estoy aprendiendo español, ¿cómo digo que eres hermosa? ... ¿*Bouhnitah?*

4. Claro, tu hermano puede usar mi descapotable cuando quiera.

3. ¿Quieres tener once hijos? ¡Yo también! ¡Podríamos tener nuestro propio equipo de fútbol!

2. La familia es muy importante, sería un sueño vivir con veinte parientes en una casa.

1. Sí, es un Rolex.

Ahora lo que voy a hacer es crear situaciones hipotéticas y luego aconsejarte acerca de cómo puedes mejorar tus posibilidades de acostarte con una latina. Ya debes saber cómo conquistar a una mujer, así que podemos proceder a explorar la cuestión de cómo hacerlo con una latina. Este texto no tiene como intención ser redundante con otras descripciones y técnicas básicas sobre la conquista. No empezaremos de cero: cómo ser amable, comprensivo, hacerla reír entre charlas informales, comprarle flores y chocolates en forma de corazón, volverse distante emocionalmente, explotar su naturaleza competitiva y vanidosa y aprovecharse de sus inseguridades —cosas que un hombre de tu edad a estas alturas ya debería saber. Si no lo sabes, ve a leer *Dating for Dummies* y luego vuelve a este capítulo. Una vez que estemos de acuerdo, podremos empezar a crear planes de ataque en relación a las siguientes situaciones, basadas en latinas de tres niveles sociales diferentes.

Caso #1: Tú y María tienen mucho en común, empezando por el hecho de que ambos trabajan en la misma oficina. María en realidad no trabaja contigo, sino más bien para una compañía industrial de limpieza, bajo contrato con tu edificio. Este es un detalle elemental ya que puede provocar todo tipo de acusaciones de explotación de clases, desequilibrio de poderes entre empleador y empleado, la cultura dominante asumiendo libre albedrío y la intimidación socioeconómica que es igual a la coacción. Creo que estas teorías surgieron de gente sola y malvada que no quiere que encontremos a nuestras almas gemelas nunca, jamás, y menos a las seis y cuarto de la tarde en el clóset de limpieza.

Dejas de irte de la oficina a la hora que te corresponde. Trabajas cada vez más tarde, esperando verla. Finalmente te animas a invitarla a salir, ella acepta y hoy es el gran día. ¿Qué vas a hacer esta noche? ¿De qué hablarán? Charlar de temas de oficina está descartado por completo pero, a su vez, no sabes casi nada sobre ella. Toma nota de los siguientes consejos, úsalos y de seguro tendrás suerte esta noche:

- Consejo #1: Llévala a un restaurante de precio medio. En uno caro se sentirá fuera de lugar y en uno barato pasará la noche saludando amigos.
- Consejo #2: No la pases a buscar por su casa; encuéntrense en el restaurante. No es necesario conocer a sus padres, abuelos, primos, hermanos, tías y tíos antes de la primera cita, y ni decir sus hijos.
- Consejo #3: Al final de la noche, llévala a tu casa y piensa detenidamente en las consecuencias de lo que harás allí. Si la tratas de besar, su próximo hijo puede bien llamarse como tú con un "junior" al final.

Caso #2: Tú y Lucía son colegas en un restaurante. Ella es la cocinera y tú eres el maître. Han compartido innumerables noches de crepes y quejas de clientes, hasta que te enamoraste de la manera especial en que ella escupe en la comida de quienes devolvieron sus platos a la cocina. Al fin, alimentado por tu determinación, te animas a invitarla a salir, ella acepta y hoy es el gran día. ¿Qué van a hacer está noche?

- Consejo #1: Llévala a un restaurante de precio medio. En uno caro, te dejaría solo en la mesa, mientras aplica para un trabajo en el lugar, y en uno barato reconocería la comida de su mamá.
- Consejo #2: No la pases a buscar por su casa. No quieres que sus hijos te empiecen a decir "Papi" antes de tu primera cita.
- Consejo #3: Al final de la noche, llévala a su casa, mírala directo a los ojos y pregúntale si sueña con casarse: si te contesta "sí", bésala inmediatamente. Si te contesta "no", vete cuanto antes porque el hombre que está por salir de su casa apuntándote con una pistola es su esposo.

Caso #3: Tú y Elena se conocen hace rato. Ella es la graduada de Harvard, dueña de tu bufete, y tú eres uno de los tantos abogados que trabaja para ella. Se ha divorciado cuatro veces y sólo tiene veinticinco años—por eso es que es dueña de su propio bufete. Muchas latinas utilizan a sus divorcios para escalar su nivel de riqueza. Pero a ti no te importa eso. Estás seguro de que contigo será diferente. En el fondo de tu corazón, sabes que eres el alma gemela de Elena.

Al fin, alimentado por tu determinación, te animas a invitarla a salir, ella acepta y hoy es el gran día. ¿Qué van a hacer está noche?

- Consejo #1: Llévala al restaurante que sea, sin importar cuán caro o barato sea, pero ten en cuenta que debes dejar que *ella* pague. Eso la hará sentir que la respetas.

- Consejo #2: No la pases a buscar por su casa, al contrario, pídele que te busque. Si la dejas manejar, ella sentirá que la respetas.

- Consejo #3: Al final de la noche, pídele que te lleva a tu casa y dale las buenas noches sin siquiera intentar besarla. Si jugaste bien tus cartas, estará tan aburrida con esta rutina que te exigirá que la lleves a tu cuarto y le faltes el respeto.

CAPÍTULO 13

Quiero empezar por agradecerle a Dios que en este capítulo lo que voy a hacer es compartir ideas y no experiencias personales. Espero, con todo mi corazón, que estés leyendo este capítulo por puro entretenimiento, y que no estés atravesando realmente por la situación que describe el título. Si lo estás, no has cometido un error, sino dos: primero, te casaste con una latina, y segundo, estás pensando en deshacerte de ella.

Una latina irá mucho más allá de la mujer promedio, quien luego de un divorcio está satisfecha con haberle sacado a su ex marido la casa, el trabajo, los hijos, su estatus social y su dinero. Una latina querrá más. Quiere triturarlo, beber su sangre y donar todos sus órganos a la ciencia —mientras todavía está vivo. No le importará porque para ella, él murió, hasta cuando sus gritos patéticos dan a entender que no. ¿Tienes miedo? ¡Cuidado, cierra el libro! ¡Te está viendo!

Para nuestro propósito, vamos a asumir que tú quieres un divorcio y ella no. Cualquier otra circunstancia no es un problema, dado que si ella te lo pide o si es mutuo, todo tendrá que ver con el dinero y la custodia de los hijos —y ella recibiendo ambas cosas. Desafortunadamente, este no es nuestro caso. Lo nuestro implica orgullo, y lo que es peor, el orgullo de una mujer, y algo verdaderamente catastrófico: el orgullo de una latina. Lupita todavía te ama. Lupita no puede comprender por qué has tomado tal decisión. Empecemos por contestar las cuatro preguntas clave.

1. Primero de todo, ¿por qué te casaste con Lupita?

Obviamente porque estabas enamorado. Te enamoraste de cómo se veía, de su perfume, y lo atractivo de una mujer que naturalmente menea las caderas al caminar, con un buen pecho y piernas flacas. Hoy, diez años y cien libras más tarde, ese amor abandonó la ciudad, y en su maleta se llevó su perfume, su erotismo y su sentido del humor. Antes solía levantarse de la cama a la medianoche, usando sólo una de tus camisas, nada más para prepararte un sándwich. Hoy día, la medianoche te encuentra lavando tú mismo tus camisas mientras ella se come un sándwich en la cama. Prometiste amar y proteger a tu esposa hasta que la muerte los separe, pero la mujer a quien le hiciste está promesa aparentemente fue devorada por el gremlin que ahora esparce migas sobre tu almohada con total impunidad.

2. ¿Qué hiciste para casarte con ella?

Convenciste al padre de Lupita, Don Manuel, de que eras un buen hombre que iba a respetarla y tratarla bien. Nunca sabremos si bendijo a esta unión por eso o porque al casarse contigo, Lupita consiguió la residencia legal.

3. ¿Cuándo te diste cuenta de que tu matrimonio no estaba funcionando?

Hace dos años, el día de los enamorados, llegaste a casa con dos palcos VIP para la ópera y una reserva para cenar en su restaurante favorito. Encontraste a Lupita en sus pijamas con una máscara de barro, viendo el último capítulo de la novela con toda su familia, rodeada de botellas vacías de cerveza, cajas de pizza y los Kleenex usados de una docena de tías y abuelas.

4. ¿Con quién pensaste que te casabas?

¿Una mujer? Te equivocaste, y no te debería haber tomado diez años para darte cuenta: cuando un hombre elige a una latina como esposa, no se está casando con ella sola, sino con toda la familia, y sus amigos, vecinos y conocidos. Vivirán juntos, irán de vacaciones juntos, si uno se enferma, se enferman todos. Se cuentan todo, y lo que no se cuenta se descubre, y lo que no se descubre, se espía, y lo que no se espía se "siente", y lo que no se "siente" es fabricado.

EL MOMENTO IDEAL PARA DARLE LA NOTICIA

Lo más importante es encontrar el momento justo. Primero, esconde todo lo que sea afilado, serrado o puntiagudo. Lo más importante es que rellenes todo lo que dices con sentimientos profundos, repleto de emociones. Recuerda que las latinas aman sus telenovelas, donde las cosas mas obvias se expresan en oraciones enmarañadas, utilizando cuantas metáforas, adjetivos y clichés sean lingüísticamente posibles. Lo que sigue son algunos ejemplos de cómo debes hablar de una forma aceptable para una latina criada a base de telenovelas:

- Quiero un divorcio: "Como la luna, mi alma ilumi-nada sólo esconde oscuridad, y la sombra la consumirá noche tras noche hasta que sólo quede un hebra fina y luego sólo las tinieblas. Me debo ir en este instante, mientras el escaso hilo de luz todavía me permite ver tu hermoso rostro para recordarlo así por siempre".

- Tu compañía me aburre: "Reímos como niños inocen-tes y rodamos por la hierba crecida, sintiendo el calor del sol sobre nuestra piel hasta el anochecer. Pero al pasar la noche, una niebla fría nos abrazó como una cobija y nos arropó para un sueño largo y apagado, en el cual hemos sido perseguidos por memorias remotas y sueños perdidos".

- Hace rato que no disfruto del sexo: "La sábana blanca y pura envolviendo tu figura de niña cuando tú, riendo, trataste en vano de evitar mis besos, sólo para finalmente sucumbir a la pasión salvaje, como una diosa... eso ahora es un tendedero, desgastado por los vientos helados del tiempo y el destino cruel, que sólo besa el polvo".

- Te daré la casa, el auto y la mitad del dinero: "Cuando nos perdimos en medio del desierto arenoso, sedientos, y creímos que pronto los buitres pelearían por lo que quedaba de nosotros, apareció un oasis dorado que nos sirvió bendiciones en los vasos. La fuente será tuya hasta el fin de los tiempos, y aunque el desierto me vuelva a llamar a un abrazo vacuo, llevaré conmigo sólo mi vaso vacío.

Luego de escucharte decir éstos disparates, ella milagrosamente entenderá el mensaje y, créelo o no, lo recibirá pacíficamente, con una tranquilidad sensata. Pero si ignoras mis consejos y le hablas directamente, ella será la que te proporcionará los disparates pateando, gritando, insultando y arañando a la policía cuando los oficiales traten de quitártela de encima.

SÁCALE LAS SOSPECHAS DE LA MENTE

Una vez que Lupita se entere de la noticia y la haya aceptado, eso no quiere decir que todo vaya a seguir tranquilo de ahí en adelante. Lupita sospecha que hay razones secretas detrás de tu deseo de divorcio. Algunas de las más comunes son:

- Que tienes otra mujer. La primera y más obvia de las posibilidades, aunque sea la menos factible. Prepárate a que te revuelvan los bolsillos, así como las carteras, el celular, la agenda, etc. No te preocupes por tu correo electrónico, Lupita ni se molestará en aprender a encender una computadora.
- Que eres gay. Es casi inconcebible, para una mujer como ella que tiene tanto "sabor" —aunque después

de diez años sea uno un poco amargo— que no estés teniendo una aventura e igual no la desees. Debes ser gay. Escudriñará a todos tus amigos, colegas y conocidos. Observará todo tipo de amaneramientos que considerará sospechosos. De ahí, establecerá cuáles son los homosexuales que le han robado a su esposo, y luego empezará a tramar su venganza contra ellos —aunque tú seas tan macho como Alejandro "el potrillo" Fernández.

- Que eres menos que un hombre. Esta es la tercera opción y la más desesperada. Luego que tus amigos heterosexuales han sido aterrorizados por haberte "robado", lograrán convencerla de que tú no eres gay. A esta altura, se estará quedando sin opciones oportunas. Lupita se rehúsa a creer que hay un hombre al cual no puede satisfacer, por lo que concluye que el problema debe ser tu virilidad. Esta acusación te puede herir el orgullo, pero debes seguirle el hilo —o si no arriesgarte a que se vuelva una realidad, con un cuchillo de mesa.

DE LA NEGACIÓN A LA ACEPTACIÓN FINAL

Al fin, no sólo has tomado tu decisión, también has comunicado la noticia y has tolerado la interrogación subsiguiente. Si a estas alturas todavía estás entero, tienes un ángel de la guarda, dalo por hecho. Ruega que te siga protegiendo, porque nunca más caminarás por la calle totalmente tranquilo, ya que el hermano de Lupita es miembro de una pandilla. Todas las noches te costará dormirte, por miedo a que alguien haya escondido un explosivo casero dentro de tu apartamento de soltero mientras estabas en el trabajo. Pero estos son daños colaterales inevitables.

Antes de concluir el tema, te quiero dar un regalo. Puede que algunas noches sientas remordimiento, pensando en todo lo que le hiciste pasar a la pobre Lupita. Puede que sientas culpa y tal vez cuestiones tus decisiones. Seamos honestos, después de todo Lupita no estaba tan mal. Nunca fue tu intención hacerla sentirse triste y deprimida, dando vueltas por la casa de su madre como si estuviera de luto. Pero tengo buenas noticias, y este es mi regalo a ti: Lupita no está deprimida. No sólo eso, después del divorcio se quitó unos kilos, se levantó el busto, se puso Botox y se ve más buena que nunca. Siempre hacen eso. Es su dulce venganza.

Las latinas han desarrollado un mecanismo psicológico que les permite no sólo cambiar de opinión después de un resultado decepcionante, pero cambiar realidades de inmediato y por completo. Cuando estaban casados, todo era divino, la vida era perfecta y ella no podría haber pedido más. El día del divorcio, todos sus recuerdos cambiaron, mutando hacia su nueva realidad:

Casada: Eres un ciudadano americano, y la ayudaste a conseguir su ciudadanía.

Divorciada: Eres un cretino capitalista, te aprovechaste de sus problemas de inmigrante.

Casada: Eres alto y esbelto, con una frondosa cabellera.

Divorciada: Eres vanidoso como una mujer, y no lo suficientemente hombre como para quedarte pelado y lucir la panza.

Casada: Nuestra casa es un templo

Divorciada: Voy a demoler este basural si no se vende rápido.

Casada: Eres un abogado bien educado, y le provees una linda vida a tu familia.

Divorciada: Eres una víbora que lucra defendiendo a asesinos a sueldo para que los dejen libres por la calle.

Casada: Mi vida no tiene sentido sin ti.

Divorciada: Espero que todos tus dientes, menos uno, se te caigan, y que ese que te queda lo carcoma una carie.

CAPÍTULO 14

Prueba #1: Living la vida loca

Antes de concluir esta primera parte, debo hacerte una prueba para ver tu grado de "latinidad". Con eso, quiero decir cuánta de la mentalidad latina has adoptado en tu sistema al leer este libro. No te asustes. Sólo se puede ganar. Si triunfas, te sentirás muy bien. Si pierdes, igual tendrás todo el dinero. Trata de contestar estás preguntas, pensando como un latino. Para calificarte, suma 0 puntos por cada respuesta "a", 1 punto por cada "b" y 3 puntos por cada "c".

1. Hay alguien en tu puerta. Cuando la abres, te encuentras una mujer con un chico adolescente. Ella dice: "Este es tu hijo". ¿Qué es lo primero que le respondes?
   a. "Mi abogado se pondrá en contacto contigo".
   b. "Es imposible, mi doctor me dijo que no puedo tener hijos".
   c. "Entra, hijo, conoce a tus diecisiete hermanos".

2. Un amigo cercano te elige para que seas el padrino de la boda. ¿Cuál es tu reacción?
   a. Lo abrazas y ambos lloran de alegría.

    b. Le preguntas: "¿Tengo que comprar un traje?".

    c. Te das cuenta: *Es obvio que no tiene ni idea de que me acosté con la novia.*

3. Tu madre la han encontrado culpable por asesinar a alguien. Mató al dueño de su apartamento luego de una discusión encendida sobre el alquiler.

    a. "La amo, pero tiene que pagar por lo que hizo".

    b. "¡Fue incriminada!"

    c. "¿Quién no está seis meses atrasado con su alquiler? El dueño debería haberse quedado callado".

4. Completa esta frase: "Cuando viajo, me gusta...

    a. ...estar bien acompañado".

    b. ...pedir un préstamo para traerme a toda la familia".

    c. ...viajar en el auto y no en el maletero".

5. Eres una latina del barrio. Un día, mientras esperas el autobús, un hombre pasa por tu lado y te acaricia el trasero. ¿Cuál es tu reacción?

    a. Te devuelves a casa, llorando todo el camino.

    b. Le gritas "pervertido" a todo dar, mientras le pegas repetidamente con tu cartera.

    c. Le cortas la cara del hombre con una hoja de afeitar que guardas debajo de tu peluca, luego te retocas el maquillaje y te tomas un taxi antes de que llegue la policía.

Resultados:

0 a 5 puntos: Eres lógico, objetivo y tomas decisiones analíticamente. Tienes un largo camino por delante, amigo. Estás tan preocupado con proteger las fronteras de tu esquema, que no ves el cuadro completo. Es más, ni siquiera ves el cuadro. Es un cuadro de nosotros, tomando control poco a poco.

6 a 12 puntos: Estás en el medio. Ni tan mal, ni tan bien. Tienes que tomar una decisión ahora y seguir con ella por lo que queda de nuestro camino juntos. ¿Estás dispuesto a dedicarte?

13 a 15 puntos: Si sumaste 13 puntos, quiere decir cuatro respuestas "c" y una "b". ¿Cuán bien manejas el hecho de no ser perfecto? Vuelve y revisa la prueba, ya casi estás ahí. Si sumaste 15 puntos, eres perfecto, deberías sentirte orgulloso.

SEGUNDA PARTE

GENTE Y CULTURA

CAPÍTULO 15

La comida entre los latinos

Los países se pueden distinguir no sólo por el sabor de su comida, sino también por las costumbres alimenticias de su gente. Dentro de muchos territorios latinos, el almuerzo en general es la comida principal del día. Entre latinos más pobres, también se le llama "la única", porque es la única comida del día.

En los países latinoamericanos, tanto los adultos como los niños toman un descanso del trabajo y el colegio, y se juntan en casa para almorzar. Este ritual habitual ¡puede tomar hasta dos horas! ¿Está información te parece increíble? Digo, la parte sobre los adultos trabajando y los niños yendo al colegio.

A eso de las cinco de la tarde, es hora de la merienda, un refrigerio liviano de leche y sándwiches. En general, esta comida es para los niños mientras ven los dibujitos animados en la televisión.

A la noche, es hora de cenar, siempre alrededor de las nueve, demasiado tarde para las costumbres americanas, pero bastante normal para Latinoamérica. La primera vez que fui a una cena de negocios en Los Ángeles, comimos a las cinco y media. Llegue a casa a las nueve, justo a tiempo para la verdadera hora de comer.

Al inmigrar, nuestros hábitos alimenticios cambian mucho. Al parecer, en los Estados Unidos tendemos a comer menos. ¿Por qué es eso? Se han llevado a cabo varios estudios al respecto. Los filósofos, nutricionistas y psicólogos han trabajado para encontrar una respuesta. Hasta hace poco, había tres teorías principales sobre el asunto:

Teoría #1: La comida americana no tiene un gusto familiar.

Teoría #2: Extrañar a tu país te hace perder el apetito.

Teoría #3: Los latinos no entienden las etiquetas de los paquetes de comidas escritas en inglés.

Las tres teorías fueron desaprobadas cuando al fin a alguien se le ocurrió preguntarle a un latino. Resulta que comemos menos porque la comida es cara.

LAS TRES GRANDES VERDADES SOBRE LA COCINA LATINA

Dentro de cualquier cultura, pero especialmente en el mundo latino, la comida representa la identidad y tradición cultural. El cariño por ciertos platos típicos no cambia sólo porque nos mudamos de nuestros países. Es una manera de mantenerse conectado con la tierra en la que crecimos. Mi abuela solía decir que la comida entra por los ojos, y ahora la recuerdo cada vez que me salpico ketchup y me deja ciego. Pero claro, eso es sólo el comienzo, los otros cuatro sentidos también están involucrados. Está el olor que sentimos cuando se está cocinando algo delicioso, el gusto que nos robamos de una cucharadita de la olla, el sonido del cocinero gritando "¡espera a que esté listo!" y la sensación en la piel cuando te pega con la cuchara de madera en la mano.

Verdad #1: Puedes reconocer el olor de la cocina latina a una milla de distancia.

Si tienes que pasar cerca de un restaurante latino de camino al trabajo o al colegio, sabes exactamente lo que quiero decir. También lo saben tus colegas, ya que ellos lo pueden oler en tu ropa desde el salón de conferencias, aunque tú todavía estas estacionando el auto afuera. Ese olor es una promesa de un sabor intenso, y la comida latina es increíblemente gustosa por la mezcla de ingredientes y sabores: algo dulce, algo salado, algo picante, todo marinado con jugo de lima y ajo, luego freído en grasa de cerdo. ¿Cómo sobreviven los latinos más pobres? Lo hacen siguiendo las recetas con lo que tengan a su alcance. Le podrías hacer el mismo tratamiento a una llanta de un tractor e igual sería divina. "La necesidad es la madre de todo invento", decía mi abuela. ¿Acaso pensaste que el plato "ropa vieja" era una metáfora?

Verdad #2: La comida latina es picante.

El otro día alguien me dijo que esto era un mito ya que no *toda* la comida latina era picante. Es verdad, pero los mitos perduran. ¿Por qué? A ver, déjame preguntarte esto: ¿Yo puedo bailar? No, no puedo, pero la mayoría de los latinos brillan en la pista de baile. Por esta reputación, millones de americanos realmente pensaron que yo *sí podía bailar*. Se equivocaron, pero lo siguen creyendo. Claro, puedes cruzarte con algún plato latino que no está tan picante, pero la mayoría sí lo están y la reputación sigue allí.

¿Quién no ha visto un dibujito animado en la televisión con algún personaje probando comida latina que luego sale corriendo con llamaradas en la boca, para ahogar su fuego en un balde de agua? Si no estás acostumbrado a ese picor, es entendible que tengas una mala reacción a la comida —aunque esperemos no tan mala como para tener que sumergir tu cabeza en agua. Si no eres fanático de la comida picante, por ahí te preguntas qué tiene de atractivo. Mi investigación me enseñó que los chiles tienen un químico llamado capsaicin, que causa dolor a las células receptoras ubicadas a través de la boca, la nariz y la garganta, para alertar al cerebro. El celebro emite endorfinas, el analgésico natural del cuerpo. Las endorfinas alivian el dolor, pero a la vez crean una sensación temporal de euforia, parecido a algunos analgésicos vendidos bajo receta. Otros efectos secundarios son un ritmo cardíaco elevado, más salivación y más actividad intestinal. Para duplicar todos estos efectos de otra manera, necesitarías morfina, cocaína, aceite de ricino y rabia. Hasta pareciera que los dibujitos se quedan cortos.

Verdad #3: Sobre la mesa de un latino, siempre hay mucha comida.

Los latinos siempre creen que la comida no va a alcanzar. Si hay una regla no escrita sobre la cocina latina sería: Cuando cocinas, cocina como si fuera para un ejército. Justo sé de un caso típico en donde un hombre llamado Ramón Fernández invitó a su comprometida a un almuerzo íntimo en casa de su madre. La señora Fernández, quien había quedado viuda hacía dos años, hizo el cálculo y pensó que para ellos tres, sería apropiado cocinar *una vaca entera*. Lo curioso es que llegó a esta conclusión aún sabiendo que la prometida su hijo era vegetariana.

En lo que parece ser una de las paradojas más increíbles de la experiencia latina, sin importar los ingresos de la familia, hasta una en total pobreza, la comida siempre es abundante. Puede que hayas escuchado el dicho: "Donde comen dos, comen tres". En la cultura latina es al revés y multiplicado por veintiséis.

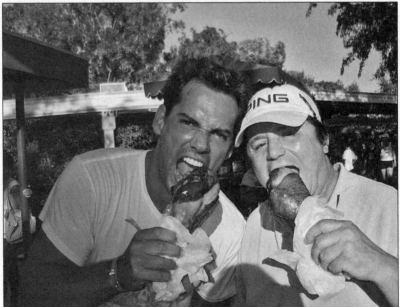

Cortesía de Cristián de la Fuente

Todos me preguntan cómo hago para mantener mi estado físico. Ejercicio, ocho horas de sueño al día y una dieta balanceada… excepto cuando me visita algún buen amigo.

CAPÍTULO 16

LA FORMA DE VESTIR DE LOS LATINOS

De todas las características que definen a los latinos, nuestro gusto en ropa es una de las más destacadas. No importa de qué país seamos, en cuanto llegamos a los Estados Unidos pareciera que nos sentimos todos atraídos por los mismos colores y diseños. He llegado a verlo como una enfermedad que se cura sólo después de tres generaciones en este país.

El gran mito: Los latinos no pueden resistir los colores alocados, fuertes y de neón.

La verdad es que esto sólo es cierto en el caso de ciertos latinos provenientes de algunos lugares del Caribe. ¿Por qué esos rojos cereza, verdes loro, azules eléctricos, dorado y plateado... todo en la misma chaqueta? Una teoría dice que como estos colores son llamativos y atraen la atención, son una manera de decir: "¡Aquí estoy!". Pero esa teoría no tiene sentido alguno porque siendo un individuo de otro país, sin hablar ni una sola palabra de inglés y muchas veces viviendo ilegalmente en los Estados Unidos, lo *último* que quieres es atraer la atención. Estoy obligado a concluir que es una enfermedad, como un síndrome Tourette de la moda.

Por ahí estás pensando: ¿A quién engañas, Cristián? ¡Te vimos bailar en *Dancing with the Stars*!". Está bien, pero nunca pedí esa vestimenta. Cada semana llegaba al vestidor para encontrar otra sorpresa *llamativa*. Ya me imagino las reuniones del departamento de diseño de vestuario:

"Veamos, para Priscilla Presley... un vestido negro largo?", todos asienten con la cabeza.

"Jason Taylor, gran estrella del NFL... un traje marrón claro?", listo.

"Cristián de la Fuente... pantalones de cuero rosado, una chaqueta verde sin camisa y una capa plateada?", un ligero aplauso. Y pensar que esa semana estaba bailando el vals vienés. Esto me hizo pensar. Es verdad, nosotros los latinos tenemos espíritus brillantes, personalidades coloridas y una resolución apasionada. Sin embargo, eso no significa que nuestra vestimenta tenga que ser llamativa, colorida y apasionada. Decidí acercarme al diseñador de vestuario del programa y comunicarle mi preocupación. Pero antes de reunirme con él, la gente me empezó a votar. Me di cuenta de que seguramente me votaron porque les había llamado la atención. Al final no dije nada y me impresioné al ver que semana tras semana, seguía en el programa con todo y mis alocadas vestimentas.

En mi caso, el mito de la moda latina surtió efecto en mi trabajo. Podemos conceder que, para ciertas profesiones, esta ropa llamativa nos viene bien. Aquí siguen algunos ejemplos de la moda extrema latina y los trabajos específicos en donde pueden ser útiles.

- **El "Tropical".** Ya sabes de lo que estoy hablando. Un mosaico de verde jungla, rojo papaya, azul cielo y naranja cósmico. Hasta un toque de amarillo —por ejemplo, los zapatos. Esta moda es perfecta para los barman, agentes de viajes, instructores de salsa, vendedores de multipropiedades, gigolós, productores de cine o cualquier otro que quiera crear una atmósfera exótica y fantástica.
- **El "Terminator".** Este es el tipo bravucón con la chaqueta dorada y el pantalón plateado. Es un candidato

ideal para vender gafas de sol, en parte porque se ve como un robot peligroso y atractivo que viene del futuro, y en otra parte porque su vestimenta se lo requiere a todos los que lo rodean.

- **El "Patriota".** Esto se logra al combinar los colores de tu ropa para asemejar la bandera de tu país. Soy tan patriota como cualquiera, pero las banderas fueron hechas para volar como una sola tela atada a un mástil. Si naciste en Brasil, por favor dímelo de otra manera que no sea usando pantalones verdes, una camisa amarilla y un sombrero azul. No me malentiendas, está perfecto abrocharte una banderita en la chaqueta o gorra. Pero combinar ropa de diferentes colores para que parezca una bandera humana es un estilo que sólo debe llevar un artista del circo —preferiblemente uno con leones come-hombres que se sienten atraídos por los colores llamativos.

CAPÍTULO 17

Voy a aprovechar esta oportunidad para aclarar lo que probablemente sea uno de los mitos más grandes sobre los latinos: que todo somos miembros de una pandilla. Me he presentado en la televisión bailando el chachachá en un traje rosado. A ver, ¿cómo crees que eso funcione con mi organización violenta callejera? ¿Piensas que al salir del estudio fui a ayudar a mis compinches en un tiroteo desde el auto?

Entiendo, tienes miedo de que tu hija termine saliendo con uno de estos miembros de una pequeña minoría que han ayudado a divulgar este terrible mito. No te preocupes, le podría ir mucho peor. Podría empezar a salir con un abogado.

Hagamos un ejercicio para reunir algo de información sobre las pandillas. Yo formulo una declaración, y tú analizas si es verdadera o falsa.

- Los latinos dejaron a sus países soñando con un futuro mejor en Norteamérica.
  Sí, eso es cierto.
- Se fueron de un lugar inseguro, con una economía devastada y con casi nada de oportunidades para que sus hijo salgan adelante en sus vidas.

Claro, esto también es cierto.

- Las pandillas latinas en general se pelean por un tema de territorio.

Es cierto.

- Entonces, usan trajes rosados y bailan el chachachá en las calles del barrio.

Perdón, estoy bromeando. Sólo quería asegurarme de que estabas prestando atención.

Al final del día, tienes que poder diferenciar entre un miembro de una pandilla y un latino común y corriente que simplemente está pasando el rato en su vecindario. Te digo, esto no es una ciencia cierta. Hay muchas zonas grises. Entiendo que seguramente no pasas mucho tiempo en los barrios repleto de pandillas, entonces ¿cómo vas a tener un punto de referencia? Claro está que no te voy a mandar a una zona peligrosa. Al fin y al cabo, compraste mi libro y estoy en deuda contigo. Hay un lugar donde puedes observar bestias peligrosas sin arriesgar tu vida o tus piernas, se llama un zoológico. Así que vamos a dar una vuelta por el zoológico y aprender lo que podamos sobre las pandillas.

- **La jaula del lobo.** Un lobo marca su territorio orinando en lugares específicos para que los otros lobos sepan que ese lugar le corresponde a él. Pero el lobo no es ningún tonto. Sabe que el territorio sólo le pertenece hasta el día que llegue un depredador más grande a reclamarlo. Lo mismo sucede con las pandillas latinas: orinan en las calles y no les gusta que otros orinen en su territorio. Sin embargo, no son tan inteligentes como los lobos. Realmente creen que es su territorio, cuando en realidad siempre ha sido de un depredador más grande: la policía.
- **La jaula del mono.** Todos hemos visto alguna vez a una familia que, durante una visita al zoológico, debe pasar un momento incómodo al presenciar una es-

cena lasciva y vergonzosa dentro de la jaula de monos. Mientras los normalmente adorables primates le muestran sus partes a las señoritas, Papá se da vuelta y dirige a todos directo a la laguna del hipopótamo. Lo mismo ocurre con las pandillas latinas. Si caminas al lado de un grupo de ellos con tu familia, con mucho orgullo se agarrarán las entrepiernas o trataran de tocar a tu hija adolescente (o esposa, o abuela), mientras te apresuras en llevar a tu familia a un lugar más seguro, como un cuarto dónde se juega póker ilegal o un fumadero de crack.

- **La jaula del león.** ¿Por qué el león es el rey? Es grande y fuerte, pero ciertamente hay otros animales más grandes, fuertes y rápidos que él. El león es rey por su rugido. Cuanto más fuerte el rugido, más poderoso el león. Lo mismo ocurre con las pandillas latinas. Dejan que sus motos retumben por horas en frente de tu casa, tan ruidoso como puedan, para tratar de probar que son los reyes de las calles. Sugiero que hagas lo mismo que hacen los demás animales en el zoológico —ignora el estruendo insignificante y sigue tu camino.

- **La jaula de la chita.** Es el mamífero más rápido de la tierra, alcanzando hasta setenta millas por hora a velocidad máxima. De todos modos, sólo pueden mantener ese ritmo por cuatrocientas a seiscientas yardas, luego están agotadas y quedan a la merced de otros predadores. Lo mismo le pasa a los miembros de las pandillas latinas. Viven haciendo carreras cortas, pero rápidamente se agotan y se vuelven vulnerables a sus predadores —por ejemplo, sus propias novias, quienes fácilmente los pueden alcanzar, casar y domesticar para convertirlos en inofensivas mascotas domésticas.

CAPÍTULO 18

Desde siempre, los humanos han tratado de racionalizar por qué el mundo es como es. Una táctica es separar a las personas en varios grupos, catalogándolas en cuanto a su edad, género, religión, nivel económico, inclinaciones políticas, preferencias sexuales u origen étnico. Somos individuos, pero también pertenecemos a numerosos grupos. Una vez que estamos ordenados en categorías, la tentación está en cumplir algún tipo de característica o patrón inherente: si no, ¿para qué nos ordenamos de esta manera? Por ejemplo, hay un mito popular sobre los hombres negros que dice que están bien dotados. ¿Es verdad o no? ¿Podemos generalizar? Todos tenemos nuestras dudas, con excepción de los hombres negros, obviamente. A decir verdad, si los chilenos tuviéramos esta reputación, yo tampoco lo negaría. Estos mitos sobre las características de otros grupos se originan dentro de la interacción entre dos o más miembros de diferentes grupos. Ahí es donde comienzan los cuentos chinos. Siguiendo el ejemplo anterior, si una mujer negra sólo sale con hombres negros, no tendrá con qué comparar. Si sale con hombres de diversas etnias, podrá confirmar o negar el estereotipo, aunque sea basándose en su propia experiencia. A pesar de los esfuerzos de la sociedad que trata de mantenernos separados, la tentación de cruzar a otro grupo es difícil de resistir, y hoy día todos han experimentado las rarezas de otros grupos, o por lo menos ha escuchado de ellas por alguien que ha cruzado al otro lado.

Cuando entramos en el mundo latino, hay muchos mitos y estereotipos. Luego de décadas de cuentos y rumores, creo que es hora de documentar algunos, explicar sus orígenes y pesar su validez. Luego de una compilación intensa de información y entrevistas exhaustivas, he llegado a los cinco estereotipos principales. Pero, ¿cuán exactos son?

Estereotipo #1: Los latinos son más apasionados sexualmente.

He analizado un caso específico a través del testimonio de Jenny Bates, una mujer de cincuenta y dos años de El Paso, Texas, quien recuerda una aventura con su jardinero latino en una serie de cartas a un diario local. En estas cartas, denota sus "encuentros" con Antonio Méndez, un peruano que en ese entonces tenía treinta y cuatro años y llevaba dos viviendo en los Estados Unidos. Este es un breve pasaje de una de esas cartas: "Luego de entrar a la casa, tardó cinco minutos en cerrar con llave todas las puertas y ventanas, me arrancó la ropa y saltó sobre la cama, me arrastró al baño, luego al sótano y hasta detrás de la heladera. Estaba buenísimo". Esta explicación podría ser evidencia que apoya al estereotipo. Sin embargo, Jenny luego descubrió que Antonio era un inmigrante ilegal tratando de escapar de los agentes de la patrulla fronteriza de El Paso. Su uso creativo de lugares para hacer el amor resultaron ser nada menos que la búsqueda constante de un buen escondite para que no lo encontraran las autoridades. Desde entonces, Jenny y Antonio se casaron y ahora viven en México. Ahora que nadie lo busca, ella se queja de que no está tan bueno como antes.

Estereotipo #2: Los latinos aceptan trabajos que no harían en sus países.

Esto es totalmente cierto. Personalmente conozco a muchas personas que no serían meseros en sus países, pero como inmigrantes están dispuestos a tomar el trabajo. Esto pasa por varias razones. Primero, la mayoría de los países latinoamericanos no tienen restaurantes —¡estoy bromeando! Ahora, en serio, aquí un mesero de tiempo completo gana suficiente dinero como para pagar su alquiler, arrendar su auto, darle de comer a su familia y hasta educar a sus hijos. En Latinoamérica, un mesero de tiempo completo casi ni puede pagar el transporte de ida y vuelta a su trabajo.

Como en muchas otras situaciones en la vida, lo que cuenta no es el prestigio del trabajo, sino lo que paga. Algunos extremistas han dicho que, por una cantidad de dinero adecuada, los seres humanos son capaces de casi cualquier cosa. Luego, el programa de televisión *Fear Factor* demostró que quienes decían eso no eran *tan* extremistas. Un latino básicamente acepta hacer cualquier trabajo, con tal de que la paga le permita vivir una vida decente. Cuando visite su país, seguramente esconderá algunos detalles sobre cómo se mantiene en los Estados Unidos. Por ejemplo, puede insinuar sobre su posición en la sede central de NASA, pero probablemente no dirá que su trabajo consiste en vaciar letrinas con cero gravedad. Como solía decir mi papá: "Todos tiene un precio". Aquellos que dicen no tenerlo sólo son más caros.

Estereotipo #3: Los latinos son reservados.

Este mito es completa y definitivamente falso. No hay nada que un latino desee más que interactuar con sus colegas americanos. El *caddie* de Bill Gates, un latino, lo invitó a su casa varias veces a compartir arroz con pollo y discutir el futuro de los robots. Ramón, el chofer de Donald Trump está cansado de tratar de convencer al magnate que lo acompañe a tomar algo en la barra dominicana de Inwood. Rita Cortese, una mucama en una de las mansiones de Barbra Streisand, le ha preparado palomitas de maíz y martinis más de una vez a su jefa, pero todavía espera una invitación a opinar sobre *Meet the Fockers* (¡graciosísima!). Cuando terminamos de filmar *Basic*, invité a John Travolta a mi casa. Me imagino que no vino porque no tengo una pista de aterrizaje en mi jardín. A los latinos les encantaría interactuar con los americanos, pero parece que va a tomar algo de tiempo.

Estereotipo #4: Las latinas siempre están listas para el amor.

Esto puede ser cierto, pero tienes que entender que depende muchísimo de las circunstancias. Imagínate lo siguiente: México, DF. Una joven mujer llamada María está en la esquina esperando la guagua para volver a su casa luego de ocho horas de trabajo en una fábrica de sombreros. De repente, un auto embarrado se detiene justo delante de ella. Un hombre con un gran bigote, que huele a whiskey y perro mojado dice: "¿Pa' dónde mi reina? [¡Burp!]". María lo rechaza suavemente, aunque preferiría caminar a Nueva York antes de subirse a ese auto con él. Luego de rogarle cuarenta y dos veces más, el hombre se da cuenta de que no tiene muchas posibilidades de convencerla, así que vuelve a encender el auto —lo cual le lleva varios intentos— y maneja hasta la barra más cercana, que para su suerte estaba a pocos metros.

Ahora imagínate esto. Los Ángeles, California. Una joven mujer llamada María está en la esquina esperando la guagua para volver a su casa luego de ocho horas de trabajo en un restaurante de comida rápida. De repente, un auto —o algo tan deslumbrante y llamativo que podría ser una nave espacial— se detiene justo delante de ella. Un hombre esbelto, bien cuidado, que huele a perfume francés, le susurra sugestivamente: "Quieres un *ride*, mamacita?". María se derrite sobre el asiento del auto y dice que pueden ir donde sea y hacer lo que él quiera. ¿Estás listo para la gran sorpresa? Esta es *la misma María* que la del ejemplo anterior. Así que, ¿es verdad que está siempre lista para el amor? Bueno, depende de muchas cosas. Lo cierto es que, de una manera u otra, la vida del inmigrante no es nada fácil.

Estereotipo #5: Las familias latinas son demasiado grandes.

Esto es verdad, pero no por la razón que tienes en mente. No es que nuestras familias sean especialmente grandes, es que nuestras casas son especialmente pequeñas, por lo que hasta una familia tamaño normal se ve demasiado grande. Hay un mito relacionado que dice que las familias latinas pobres no tienen televisión, por eso es que pasamos todo el día haciendo bebés. Esto fácilmente se puede refutar con el paro de guionistas en 2007. *Nadie* vio televisión por cuatro meses, pero, que yo sepa, por ese hecho no es que hubo un aumento explosivo en la población.

Cortesía de Cristián de la Fuente

Aquí estamos en Chile, celebrando el tercer cumpleaños de mi hija con los familiares más cercanos. Solamente algunos primos latinos. ¿Puedes encontrarme en la foto?

CAPÍTULO 19

La medicina latina y los curanderos

La fe y la confianza son gran parte de lo que es elegir a un médico, o a cualquiera que se hará responsable del cuidado de tu salud. También son un asunto especialmente crítico en la cultura latina, dado que nosotros siempre creemos lo que queremos y necesitamos creer, y podemos cambiar de realidades en unos pocos segundos, dependiendo de la situación.

Digamos que vamos al médico y nos hace un par de exámenes. Nos dice que está todo bien, y le creemos. Si nos hubiera dicho que algo no estaba del todo bien, diríamos que no sabe de lo que está hablando. Nunca volveríamos a un doctor que nos diagnostica con una enfermedad, especialmente si es algo que ni podemos pronunciar. Le decimos: "Eso no puede ser cierto. Tiene que haber otra persona a la que le podamos preguntar". En vez de hacernos perder el tiempo y la energía tratando sólo los síntomas de la enfermedad, lo pasamos buscando una cura completa: lo opuesto al diagnóstico.

Verdad: Los latinos prefieren ir a médicos latinos.

Obvio, y estoy hablando sólo de aquellos latinos que tienen la suerte de poder pagar un seguro médico. Buscamos en la guía para encontrar un nombre familiar como González o Gómez. Ya nos sentimos mejor al encontrar a un médico llamado Pérez. A veces, cuando no podemos encontrar ningún especialista latino, ni siquiera hacemos una cita. Decimos: "Si me voy a morir, quiero que me lo digan en español, o que no me lo digan".

En Latinoamérica, la verdadera asistencia médica es un lujo. Allá, tenemos nuestra propia versión de un médico profesional y lo hemos traído a los Estados Unidos con nosotros. Él nos dirá las razones más inconcebibles para explicar una enfermedad... y nosotros le creemos porque no es un diagnóstico lógico, que puede ser debatido, es un perspicacia misteriosa de una fuerza omnisciente que habla a través de él. Déjame presentarte al curandero. El curandero es un hombre (o una mujer, en cuyo caso sería curandera) que tiene una línea directa con los espíritus sanadores que están dispuestos a decirnos cómo curar lo que nos aflige.

Mito: El curandero puede curar enfermedades que los médicos ni conocen.

El mito no tiene que ver con la parte de que los médicos no conocen ciertas enfermedades; eso es completamente cierto. El mito es que el curandero puede curar enfermedades curables, y algunas que ni siquiera son enfermedades. Mientras que los latinos no tienen ningún reparo en discutir el diagnóstico de un médico en su propia cara, ni siquiera un latino ateo se atrevería a ignorar los consejos de un curandero. ¿El médico egresado de Harvard dice que tienes sífilis? ¡Un loco! ¿El campesino analfabeto que una vez fue sacudido por un rayo y que dice que puede hablar con los demonios que nos rodean? ¡No está loco!

Para un curandero, todos tus problemas están provocado por una de éstas tres cosas:

1. Espíritus malignos

2. Una lección de Dios

3. Una maldición.

El tema es, ¿cómo disentir con eso? Digamos que José Méndez va a ver a un curandero porque no puede dormir a la noche. Luego de una serie de rituales y ceremonias, el curandero le dice a José que en su cuarto está flotando el espíritu enojado de un hombre que fue secuestrado y asesinado hace tres siglos. José menciona que aparte de su insomnio, lo atropelló un auto. ¿Eso fue por el espíritu enojado? "No, ese es Dios recordándote que debes fijarte más antes de cruzar la calle". El curandero nota que José tiene un ojo morado. Eso lo dice todo. José tiene una maldición. ¡Eso es lo que José quería escuchar! Tiene una maldición y tiene que aprender la lección que Dios le dio y su cuarto está embrujado por un espíritu enojado. José es la víctima de muchas pruebas, pero la fe sin pruebas, no es fe. José se siente mucho mejor.

Lo que nunca se menciona son los hechos, como que lo atropelló un auto porque estaba borracho, y luego su esposa le pegó en el ojo por llegar a la casa a las tres de la mañana y no podía dormir porque pasó el resto de la noche vomitando whiskey y papas fritas. No es necesario mencionar nada de ésto; con tal de que tome su elíxir de polvo de caracol reseco, huevos crudos, agua tres veces destilada y cenizas de cigarro dos veces al día, estará bien. En fin, yo no estoy aquí para juzgar. Si quieres creer que una rana orinando sobre la panza de una mujer embarazada puede predecir el sexo del hijo, ¡bien por ti! No es mi lugar decir si una ecografía es más exacta o no, pero definitivamente te puedo decir que ¡es mucho menos repugnante!

CAPÍTULO 20

Horóscopos y supersticiones

Mi tía abuela decía: "Deberías creer en algo". Por los últimos veinte años, ella ha creído que su esposo salió a fumarse un cigarrillo y que en cualquier momento vuelve. Podemos aprender algo de eso, además del hecho de que mi tío abuelo debe fumar muy lentamente. Toda la humanidad siente la necesidad de creer en algo, pero los latinos lo llevan un poco más allá que los demás.

Verdad #1: Los latinos creen en la magia.

Dentro del mundo latino, todo tiene cierta connotación mágica. Generaciones de confusión, pobreza y conflictos han cedido el paso a la esperanza de que algún tipo de fuerza sobrenatural podría cambiar el destino, y esas supersticiones y rituales sin fundamento pueden ganarle el favor a la suerte. Cuando todo lo demás no funciona, te sientes un poco desesperado. Es decir, ¿qué es más viable: inventar una manera de desarrollar la agricultura en una tierra sin nutrientes durante una sequía o limpiar los pisos con "la sangre del dragón" y enterrar un billete de la lotería bajo la luna llena?

Verdad #2: Los latinos aman a los horóscopos.

Hasta los no creyentes siguen sus horóscopos. Somos capaces de

93

basar la decisión más grande de nuestras vidas en la columna de un diario de cincuenta centavos. Cuánto más abstracto, más sentimos que se aplica a nivel personal. ¿Cómo, "problemas con alguien cercano a mí"? Ahhh, verdad, el perro tuvo algo de diarrea, sí. ¿Cómo lo logran semana tras semana? "¿La luna de Venus entra la quinta casa del sol?".¡Uy! Parece que todo el sistema solar se mueve para intervenir en mis asuntos, ¡y algo importante está por pasar! Mejor que preste atención a "mis números de suerte del día". Para los latinos, la suerte y el destino triunfan siempre sobre el sentido común.

Caso #1: Cuatrocientos invitados se congregaron en la pequeña y acogedora iglesia para la boda de Alina González y Ramón Hermosillo. Ramón llevaba puesto un esmoquin impecable, alquilado. La puerta se abrió y la novia entró, pero sin su padre y sin su vestido de novia, con maleta en mano. Sollozando, camino hacia el novio, lo besó suavemente en la mejilla y le dijo: "Me alisté en la NASA. Así que la boda la tenemos que posponer hasta nuevo aviso, perdón". Esa mañana, el horóscopo de Alina decía: "No dejes que algo negro quede a tu lado. Apunta a la luna y el más allá".

Caso #2: Una mañana de verano, María Gutiérrez dejó la mesa del desayuno, lavó los platos, se vistió, caminó por la calle, dobló a la izquierda y tocó a la puerta de un extraño. Cuando abrió, ella lo besó, entró a la fuerza, cerró la puerta de una patada y le hizo el amor durante el resto del día. Su horóscopo decía: "La pasión está a la vuelta de la esquina".

Caso #3: El doctor Juan González, de signo Aries, una vez leyó: "Siempre podrás encontrar a un Aries donde está la acción, por ejemplo, una ocupación típica sería la de bombero". A pesar de su amor por la medicina y un cuerpo más bien débil, reconoció que no podemos juzgar nuestro destino. Dejó su trabajo como un investigador respetable y pasó los últimos doce años entrenando para las pruebas requeridas para su nueva profesión, las cuales incluían una caminata de tres millas que debía completarse en menos de cuarenta y cinco minutos, usando un chaleco de cien libras.

Uno podría decir que las acciones más extravagantes tomadas por latinos se pueden atribuir al horóscopo. Aquí hay algunos eventos históricos junto con los horóscopos de esos días:

- Un número récord de mexicanos deciden cruzar la frontera a escondidas. *"Este año, tu vida no tendrá fronteras".*
- Un aumento del 500 por ciento en la demanda de tarjetas de Seguro Social falsas: *"Tienes que reinventarte".*
- Un número récord de latinos se unen a pandillas: *"Los amigos serán tu fuente de prosperidad y fuerza".*
- De repente, todo latino pareciera tener tres amantes: *"Tu número de la suerte es 4".*

Los horóscopos cautivan las imaginaciones de todo tipo de personas. Pero sólo un latino podría decir: "Ay, perdón. No es que yo deseaba besar a tu esposa... es lo que decía mi horóscopo", con toda la esperanza de que su amigo le responda: "¡Ah! Está bien, si fue el horóscopo...", y continuar siendo mejores amigos.

Verdad #3: Los latinos son supersticiosos.

Olvídate de simplemente evitar cosas como gatos negros, caminar bajo unas escaleras, espejos rotos o el número trece. Un latino cree que puede manejar su buena y mala suerte y predecir, o hasta cambiar, su propio destino con la ayuda de acciones concretas. ¿Esto contradice su creencia de que el horóscopo dicta un destino implacable? Sí, lo contradice. ¿Le molesta? No, para nada.

Debo reconocer que yo también he caído en las garras de la superstición. Cuando estaba compitiendo en *Dancing with the Stars*, recibí muchos regalos de gente bien intencionada. Junto con tarjetas, velas benditas y flores, recibí una cantidad de pulseras que tenía que llevar puestas a toda hora. Una estaba cubierta con ojos, otra tenía la imagen de la Virgen y una hasta tenía un Judas Tadeo, "el santo de lo imposible", lo cual no era exactamente alentador. Pero ya sabes, parece que funcionaron porque llegar a esa final fue un milagro.

Una cosa que hace que las supersticiones sean un poco vergonzosas es que son anticuadas. Debemos desarrollar supersticiones nuevas, mejoradas y modernas que sean más apropiadas para este siglo. La creencia que dice que volcar la sal trae mala suerte comenzó cuando los romanos empezaron a usar sal como una moneda corriente —de ahí la palabra "salario". El número trece trae mala suerte porque la última cena consistió en Jesús y sus doce apóstoles, y eso fue hace más de dos mil años. Déjame sugerir algunas supersticiones a lo latino para el siglo veintiuno, que seguramente se extenderán a otras culturas en el transcurso de unos años:

- *"Ayudar a la migra trae mala suerte"*. Decirles que no has visto a nadie de interés y que no sabes nada trae buena suerte.
- *"Aprender inglés trae mala suerte"*. No es que no puedes hacerlo o que ni lo vas a intentar, es que no estás tan loco como para tentar a la suerte.
- *"Hacer el amor con un latino trae buena fortuna"*. Ni hablar que esto nunca funcionó con nuestras esposas.
- *"Darle tu pasaporte a un miembro de tu familia trae mala suerte"*. En especial si hay varios en la misma fila y están todos tratando de usarlo para entrar al país.

Administrar las fuerzas sobrenaturales es una especialidad llamada "hacer un trabajo". Esto consiste en hechizos de magia blanca, tanto caseros como profesionales. Voy a compartir algunos de los "trabajos" más populares dentro de la cultura latina, y créeme, no me he inventado ni uno. Este tipo de información te será útil si pasas un rato con latinos, así podrás saber cuáles fueron nuestras intenciones cuando encuentres una rana muerta dentro del cajón de tu escritorio.

- **Protege tu casa.** Para evitar que personas envidiosas alteren el balance natural de tu casa, tienes que poner un vaso de agua con sal detrás de la puerta de entrada y cambiarlo con frecuencia —por ejemplo, cada vez que te lo voltea el perro.

- **Armonía matrimonial.** Toma una almendra en su cáscara y escribe tu nombre, luego escribe el nombre de tu amado en la otra. Talla la fecha de tu casamiento en una vela blanca, y préndela al lado de las almendras. Cuando la vela se haya quemado por completo, rompe las cáscaras y cómete ambas almendras. Ahora entiendes porque las latinas engordan tanto después de la boda: miles y miles de almendras.

- **Alguien te está molestando.** Sólo tienes que escribir el nombre de esa persona en un papel, doblarlo por la mitad y ponerlo en el congelador. Esto "congelará" a esa persona, y así no te molestará más. O también podrías matar a este individuo, cortarlo en pedazos y esconderlos en el congelador. Lo que te quede más cómodo.

- **Si tienes un rival.** Digamos que ambos están en busca del mismo ascenso. Debes escribir el nombre de esa persona sobre un papel y luego ponerlo en tu zapato así pasas todo el día pisando a tu competencia. Nunca verás a una latina comprando plantillas porque necesita el espacio para poner los nombres de todas sus enemigas.

CAPÍTULO 21

CELEBRACIONES LATINAS

El 18 de septiembre es el Día de la Independencia de Chile, y al día siguiente es el desfile militar. Esos dos días son feriados en Chile, y cuando no puedo viajar para estar ahí, no quiero ir al trabajo aquí. Entiendo que soy un inmigrante ahora, y que tengo el Día de Acción de Gracias y el Cuatro de Julio en vez de los feriados de mi país, pero no lo puedo evitar—el hábito está engranado por haberlo celebrado toda mi vida. Por ser universalmente pro latino, también me tomo un día libre el Cinco de Mayo (México), el Día de Descubrimiento de Puerto Rico (Puerto Rico), Día de la Dama de Altagracia (República Dominicana), Festival Carnaval (Cuba), y el Día de la Paz (El Salvador). No es que no quiera trabajar, sí quiero, ¡pero no quiero faltarle el respeto a mis hermanos y hermanas latinas!

Ahora analicemos como las celebraciones que festejábamos los latinos en nuestros países pueden reaparecer años más tarde dentro de nuestras vidas americanas.

EL DÍA DE LOS MUERTOS
En México, el 2 de noviembre es en conmemoración a los seres queridos que han fallecido y la continuación de la vida en sí. No es una

Cada septiembre hago todo lo posible por ir a Chile para poder participar en el desfile militar como parte de la Escuadrilla de Alta Acrobacia Halcones de la Fuerza Aérea de Chile. Como puedes ver, yo soy el único que luce como un actor.

ocasión mórbida, sino más bien festiva. Generalizando ampliamente, las actividades de este feriado consisten en familias: (1) dándole la bienvenida a los muertos en sus casas y (2) visitando las tumbas de sus parientes. En el cementerio, los familiares se entretienen decorando la tumba con flores, comiendo un picnic y socializando con otras personas de la familia y de la comunidad que también se juntan a celebrar.

Debe ser una celebración extraordinaria que el cerebro debe llevar como recuerdo en algún lado, incluso cuando los mexicanos ya no viven en su país. Observen las similitudes: para sobrevivir en los Estados Unidos, la primera generación de inmigrantes debe trabajar hasta la muerte y llegan a casa muertos de cansancio. Se tiran en la cama como si fuera una tumba. Mientras tanto, sus hijos americanizados, padres, abuelos y primos ilegales (todos bajo el mismo techo) festejan la noche entera comiendo, bebiendo, jugando videojuegos y viendo películas prohibidas para menores en Cinemax.

CRISTIÁN DE LA FUENTE Y FEDERICO LARIÑO

LA NUEVA NUEVA INDEPENDENCIA

Los cubanos tienen tres días de la independencia: de España (10 de octubre de 1868), de Estados Unidos (20 de mayo de 1902) y de Cuba (1 de enero de 1959). También tienen que llevar la cuenta del 24 de febrero (el comienzo de la revolución de 1895), el 13 de marzo (la conmemoración del ataque al palacio presidencial), del 25 al 27 de julio (la conmemoración del cuartel Moncada), el 28 de septiembre (aniversario de la comitiva en defensa de la revolución), el 8 de octubre (el aniversario del Che Guevara), el 10 de octubre (el comienzo de la guerra de independencia) y el 2 de diciembre (el día que desembarcó el Granma).

Un jefe le puede preguntar a un empleado cubano:

—¿Y dónde estabas ayer?

—Celebrando el Día de la Independencia.

—¿De nuevo? ¡Esta es la quinta vez que la celebras!

—¿Y?

—¿Y quién te crees que soy?

—Búsquelo si quiere, jefe, es increíble pero real.

CAPÍTULO 22

Los seres humanos tenemos muchas maneras de lograr nuestras metas y planes: trabajo duro, dedicación, inteligencia, conexiones, talento y perseverancia. Pero ninguna de estas —y hasta todas combinadas— se compara a la suerte. Nosotros los latinos somos soñadores por naturaleza, así que por supuesto que la suerte nos cautiva de sobremanera.

Verdad #1: Los latinos juegan a lo loco.

Apostamos en la lotería, el deporte, riñas de gallos, las luchas en barro, las luchas del dedo pulgar, carreras de caballos, carreras de perros, carreras de cucarachas, *The Amazing Race*, carrera de armas, la carrera para la cura o lo que tengas. Cada apuesta es un posible boleto al paraíso, la oportunidad de conseguir todas esas cosas por las que luchamos en el día a día, pero sin tener que luchar.

En la mente de cualquiera sin dinero, la idea de convertirse en un millonario de la nada es una solución atractiva —cuando en realidad es parte del problema. Los jugadores no se desaniman al perder porque su esperanza de ganar algún día no desaparece de un minuto a otro. Dura lo suficiente como para comprar el próximo boleto... una y otra vez.

Cuando un latino se da cuenta que sigue sistemáticamente sin ganar la lotería luego de quince años de jugar todos los días, comienza a hacer lo que a mí me gusta llamar apuestas *vengadoras*. Estas son apuestas hechas entre amigos con la esperanza de ganar sus escasos fondos, ya que es más fácil ganarle a un amigo que al sistema. Cuando empecé en *Dancing with the Stars,* algunos fanáticos latinos se me acercaban y me decían: "Escucha, aposté cien dólares a que vas a quedar en peligro de eliminación esta semana. Por favor no te ofendas, pero puedes asegurarme que no perderé la plata?". O sino: "Cristián, le aposté a mi hermana que terminarías arriba esta semana... y, ¿cómo va eso? ¿Necesitas alguna ayudita?". También tuve la siguiente conversación incómoda:

Lunes por la mañana, Los Ángeles, en la calle:

> **Tipo:** ¡Epa, Cristián! ¿Cómo estás? ¿Soy yo, Ramón, te acuerdas?
> **Yo:** Hola, sí, sí. (No.)
> **Tipo:** Te cortaba el césped en Chile. Tanto tiempo, ¿cúanto habrá pasado... diez años?
> **Yo:** Parecen menos.
> **Tipo:** Te veo en *Dancing with the Stars* todas las noches, el programa está buenísimo.
> **Yo:** ¡Pero es un programa semanal!
> **Tipo:** Sí, claro, pero lo grabo y lo veo varias veces en la semana. Apuesto a que llegarás a la final.
> **Yo:** Gracias, haré lo mejor que pueda.
> **Tipo:** No, en serio, he apostado dos semanas de salario con mi primo. Él cree que Mario te va a ganar.
> **Yo:** Bueno, me tengo que ir.
> **Tipo:** (Agarrándome del brazo) Vas a ganar, ¿no es cierto? ¿Necesitas que te corte el césped mañana? ¿Eso te ayudaría?
> **Yo:** Ahora vivo en un apartamento, pero gracias.
> **Tipo:** Deberías estar ensayando en vez de perder el tiempo caminando por la calle.

Yo: Voy al médico. Me lesioné el brazo anoche. ¿No viste el programa?

Tipo: Ehh, ahh, claro, sí. Con permiso, debo llamar a alguien (marcando).

Yo: Igual puedo bailar.

Tipo: Claro (sacándome del paso). ¿Manuel? Escúchame...

Yo: Bueno, me voy yendo.

Si me permiten, tengo un mensaje personal para Ramón: Hubieras ganado la apuesta, y todavía no recuerdo quién demonios eres.

Verdad #2: La adicción al juego no comienza al cruzar la frontera.

Una de las razones por las que los latinos tienden a apostar es porque sus países tienen economías débiles y pocas oportunidades. Si los latinos en los Estados Unidos son soñadores, aquellos viviendo en Latinoamérica son soñadores ambulantes. Allá el mercadeo de la lotería es agresiva y casi imposible de resistir. Lo que sigue son publicidades de la lotería que puedes encontrar en diferentes países alrededor de Latinoamérica. Te juro que todos son reales.

- "¡Vive tus sueños!". (Honduras)
  Claro que eso es si ganas, sino sería "sueña tu vida".
- "¡El que regala más dinero!". (Colombia)
  Comparado a... ¿la otra lotería de Colombia?
- "Trabajamos en cumplir tus sueños". (México)
  ...el sueño de no trabajar.
- "Todos ganamos". (Puerto Rico)
  Pero no todos recibimos el dinero.
- "Tu lotería". (Venezuela)
  Sólo que no es tu dinero.
- "Vos jugás, nosotros no". (Argentina)
  Esta vez, no nos robaremos las ganancias.

Personalmente pienso que aunque las publicidades son agresivas, podrían ser aún más fuertes. "Vive tus sueños" es muy suave para lo que es la competencia publicitaria de hoy día. La gente apostaría mucho más si la publicidad les hablara directamente a ellos, por ejemplo:

- "¿Quieres morir pobre y solo?"
- "¿Qué pensabas, que el trabajo duro sería premiado?"
- "Con tu pinta, mejor que te hagas rico".
- "Compra la compañía y echa a tu jefe".
- "Compra el país y echa al gobierno".

Cuando Fidel Castro tomó el poder del gobierno de Cuba en 1959, eliminó la lotería nacional de Cuba. No obstante, hay bastantes apuestas ocurriendo a escondidas, y algunos han llegado a dar el siguiente consejo: *"Con una apuesta, las posibilidades de que pierdas dinero es del 50%, pero con Fidel es del 100%."*

Verdad #3: Para los latinos, ganar una apuesta es un logro de por vida.

Viviendo en una sociedad que parece estar determinada a prevenir que seamos ganadores, los latinos ansiamos la sensación de vencer las probabilidades en algo. Ni siquiera tenemos que ganar millones de dólares, sólo la sensación de ganarle a la competencia sería suficiente. Hasta los viejos juegos pueblerinos como "adivina mi edad" o "adivina mi peso" te brindan la sensación de "gané".

Hace poco leí sobre una casa de apuestas en Londres, Inglaterra, que acepta la apuesta que quieras. Podrías entrar y decir que un hombre pisará Marte antes del año 2020. La casa analiza las probabilidades y toma tu apuesta, dándote sus cálculos —1 en 10 ó 1 en 1.000 ó 1 en 1.000.000— tómalo o déjalo. Cuando supe de esta casa y su éxito formidable, no pude dejar de pensar en como les iría si se dirigieran al mercado latino.

Lo primero que habría que tener en cuenta es que nada es simple con los latinos. En Londres es posible que te digan "Te apuesto a que mi madre vive hasta los cien años de edad". Cuando un latino entra en la misma apuesta, es así: "Te apuesto a que mi madre, quien en verdad es mi ex madrastra dado que se divorció de un hombre que la molía a golpes para casarse con mi padre, pero luego volvió con el otro, pero este murió de un ataque cardíaco, va a vivir —si puedes llamar eso una vida, siendo una mucama para ricos que la maltratan para luego dormir en la misma cama con mi ex abuelastra porque no tiene su propia cama, sin aire acondicionado— hasta los cincuenta y cinco años de edad, pero que se quejará de que se siente como si tuviera ciento cincuenta e insistirá que tanto ella como su madre tienen el derecho a vivir en mi casa, gratis, porque somos familia". Para cuando la apuesta quede escrita, la madre ya habrá muerto.

Creo que apostarle a los números es aburrido, demasiado abstracto. Por eso quiero proponer, ahora mismo, algunos nuevos juegos de probabilidades:

EL DERBI DIARIO DE LA QUIMERA DE ORO

Cien latinos se preparan cerca de una frontera americana. Dada la señal, todos corren hacia el territorio americano mientras son perseguidos por diez oficiales. Podrías apostar cuántos llegarán al otro lado sin que los agarren. ¿Te parece demasiado cruel? Ten en cuenta que ya está pasando, sólo que no le estamos apostando... por ahora. Bueno, para hacerte sentir mejor podríamos donar parte de las ganancias a alguna fundación que ayudar a los inmigrantes... ¿digamos 5 por ciento? Claro que eso sería después de impuestos y mi cuota (al fin y al cabo yo fui el de la idea).

LOTERÍA 12—FANTASÍA AL AZAR

Se elige, en secreto, a un latino del barrio. Compras un billete de la Lotería 12 por $5, y el valor se triplica por cada año de estudios que él complete. Hay mucho en su contra —pobreza, racismo, violencia, drogas y ni hablar de una novia que por "accidente" siempre se olvida de tomar la pastilla anticonceptiva. Pero si a pesar de todo logra mantenerse estable por doce años, tú te ganas $2,65 millones. Cuando el menor llegue a una edad legal, recibirá un porcentaje del dinero, que podrá usar para continuar con su educación, o para comprar una dentadura de diamantes.

LOTERÍA CALIENTE

Vigilamos a un individuo anónimo entre los dieciocho y sesenta años, tomando apuestas sobre cuántas veces en un año él o ella cae en manos de una aventura latina, caliente y apasionada. Primos, experimentación con el mismo sexo y los servicios profesionales no cuentan. Aquí la estrategia sería como el quino —mientras que no puedes mejorar tus probabilidades de que tu adivinanza sea cierta, puedes minimizar las posibilidades de tener que compartir tus ganancias al elegir un número improbable, como 0 ó 200.

Verdad #4: Jugadores Anónimos no funciona con los latinos.

Fidel Castro dijo una vez: "Cualquier exceso es malo". Es posible que luego de cien años de estar en el poder vea la ironía de esa afirmación. Claro que es verdad que cualquier cosa puede ser mala si se toma en exceso, y no sólo las cosas tangibles como la comida y el alcohol, pero también los comportamientos como el sexo y las apuestas. Con esta verdad en mente, Jugadores Anónimos fue fundado en 1957 para reunir a apostadores empedernidos y ayudarlos a pelear contra su adicción usando el mundialmente famoso programa de los doce pasos. Eso simplemente no nos funcionará. A ver, ¿es que no has visto la pirámide del sol en Teotihuacan? 248 escalones. Así es como lo hacemos; no vamos a torcernos el tobillo para llegar a un lugar en sólo doce pasos. Si quieres hacer un programa de recuperación con 248 pasos, tal vez les llames la atención a los latinos, si no, olvídalo.

El siguiente cuestionario te ayudará a determinar si tu amigo/conocido/vecino latino tiene un problema con las apuestas. Si te contesta "sí" a al menos tres preguntas, considéralo una señal de alerta:

1. ¿Alguna vez has vendido objetos personales para contar con dinero para apostar?

2. ¿Algunas de esas cosas fueron tus hijos?

3. ¿Tu reputación ha sido arruinada por tu problema de apuestas?

4. ¿Es por eso que tu reputación ya era mala?

5. ¿Tu esposa alguna vez se ha sentido infeliz por culpa de tus apuestas?

6. ¿Es que todo hace infeliz a tu esposa?

7. ¿Han aparecido acreedores y usureros en tu puerta?

8. ¿Han peleado tus acreedores y usureros entre ellos por un mejor lugar en la línea frente a tu puerta?

9. ¿Alguna vez has apostado para evitar dar una respuesta? ¡Para ya mismo y contesta esto!

10. ¿Entiendes que la palabra para "apostar" en inglés es *gambling*?

11. ¿Hay alguna razón para que hayas esperado hasta la pregunta 10 para decirme que no entiendes español?

12. ¿Será porque estabas apostando a que no me daría cuenta?

CAPÍTULO 23

Hechos y estadísticas latinas

Sé que es mucho pedir que creas todo lo que digo sobre los latinos simplemente porque compraste este libro. Como autor respetable, debería investigar información con hechos tangibles así como números y estadísticas reveladoras. Bueno, mantendré toda especulación en mis breves comentarios sobre cada uno de los siguientes hechos, que ante todo son absolutamente verídicos.

Las cinco ciudades con la mayor cantidad de latinos en los Estados Unidos son: Los Ángeles, San Francisco, Miami, Nueva York y Chicago. Dos en cada costa, una en el medio del país... ¿a alguien más le parece que esto más que una distribución al azar es una invasión calculada con varios frentes estratégicos?

La oficina del censo ha estimado que antes de 2020, uno de cada cinco americanos será latino. Lo que no mencionaron es que será uno de tus cinco hijos y tu esposa se hará la que estás diciendo tonterías.

En 2007 Marvel Comics lanzó un nuevo superhéroe, totalmente latino, llamado Santerians, donde el personaje principal se transforma en el álter ego de un superhéroe Eleggua, llamado así por una ceremonia de santería afro-caribeña. Le pusieron sangre de gallina en la tinta

—si hojeas el cómic sin comprarlo, te caerá una maldición por la que serás rechazado socialmente y virgen por el resto de tu vida.

En promedio, a un gringo le lleva 33,24 minutos hacer el amor, incluyendo el juego previo. La mujer promedio dice que no le molestarían unos 12 minutos más. Por otro lado, los latinos pasan 180 minutos haciendo el amor (claro que también paramos en el medio para ir a la heladera a buscar una cerveza), pero a su vez nuestras esposas dicen que no les molestarían unos 12 minutos más. Luego están los yogui tántric del Tibet: ellos pueden duran 36 horas, pero sus esposas dicen que no les molestarían unos 12 minutos más.

Hasta 1999 era legal casarse con una mujer de catorce años en Utah. Los latinos todavía creen que es legal y que California, Nueva York y la Florida son todos parte de Utah.

Los expertos de inmigración dicen que un número creciente de emigrantes que han trabajado duro en los Estados Unidos como obreros, plomeros y mecánicos de auto han sido reclutados en sus países para postularse como candidato en alguna posición gubernamental. En la política, definitivamente no viene mal tener experiencia en sacar la basura.

Setenta y tres por ciento de los Latinos en los Estados Unidos encuestados dicen que evitan la jubilación porque tienen miedo de que no les alcance para sobrevivir. Verdad, pero al noventa por ciento de nosotros no nos alcanza para sobrevivir *antes* de la jubilación.

Los padres del North Little Rock Public Education Foundation hicieron una investigación y encontraron que cuando se trata de un nuevo idioma, cuanto más temprano se aprenda, mejor. Entonces diseñaron un programa piloto de español para un grupo de estudiantes de menos de diez años. En un informe relacionado, 95 por ciento de las chicas que participan en el programa lo abandonaron porque no querían perderse las novelas de la tarde.

De acuerdo con el National Association of Hispanic Journalists, de aproximadamente 16.000 historias transmitidas por las noticias de la televisión (en las cadenas ABC, CBS, NBC y CNN) que repasaron a través de 2001, sólo 99 eran sobre los latinos. Para resumir, podrían haber dicho que el 2001 fue un año lento en cuanto a inmigración ilegal y crímenes de pasión.

En 1968 el Congreso de los Estados Unidos autorizó el entonces presidente Lyndon B. Johnson a declarar siete días en septiembre como "la semana nacional del patriotismo hispano". La celebración se extendió para que durara un mes en 1988 (del 15 de septiembre al 15 de octubre). Al parecer, siete días no nos alcanzaban para recuperarnos de la mega resaca patriota.

Para el año 2050, los investigadores dicen que el número de latinos con Alzheimer's aumentará en un 600 por ciento. Yo digo que en realidad no tendrán la enfermedad; van a fingir haber perdido la memoria para hacerse pasar por gringos: "Mi nombre es Jasper Worthington, originalmente de Connecticut, un placer conocerlo".

En mayo de 2007, el festival de rock Vive Latino en la Ciudad de México informa que superaron las ventas en Norteamérica durante la primera semana del mes, con ingresos de $2,5 millones y vendiendo 107.000 boletos. Dado el talento especial que tenemos los latinos para entrar a los lugares sin pagar, yo calculo que habrían en realidad unas 250.000 personas.

La oficina del censo de Estados Unidos declaró que en 2003, 92,5 por ciento de la mano de obra extranjera estaba empleada. Lo que el estudio no especificó es que sólo el 2,5 por ciento estaba trabajando, porque un 45 por ciento de nosotros pidió el día enfermo y el otro 45 por ciento estaba demandando a sus empleadores por discriminación.

En 2002, 26,5 por ciento de los hogares latinos consistían de cinco o más personas. ¡Ja, ja, ja! No se olviden de contar en el garaje, en el clóset y debajo de la cama. Créeme, 100 por ciento de los hogares latinos consisten en cinco o más personas.

CAPÍTULO 24

Es hora de tomar lo que aprendimos sobre la cultura latina en esta sección y observarlo en la práctica —las situaciones extremas que el destino a veces nos pone en el camino. Reconozcamos nuestras similitudes, pero, a su vez, celebremos nuestras diferencias.

- *Situación A.* Entras a un bar para encontrarte con unos viejos amigos de la secundaria. Algunos están casados y sus esposas está allí con ellos. Nadie te dijo que te deberías poner, pero todos lucen como si estuvieran por ir a una boda. En cambio tú llevas una camisa de golf y unos pantalones cortos. ¿Qué haces?
  - **Gringo mal vestido:** Antes de que alguien se de cuenta de su presencia, voltea a mirar su reloj a ver si le da el tiempo para volver a casa y cambiarse.
  - **Latino mal vestido:** Levanta el cuello de su camisa para estar más a la moda.
  - **Gringo mal vestido:** Nerviosamente dice en broma, "Epa, chicos, ¿quién se está casando?".
  - **Latino mal vestido:** Agarra a un amigo y le frota la cara en el sobaco hasta que todos ríen.

111

- **Gringo mal vestido:** Dice: "Perdón, olvidé preguntar qué debía ponerme".
- **Latino mal vestido:** Dice: "Creo que el guacamayo es el embajador de la moda de Dios".
- *Situación B.* Estás en un ascensor lleno. Acabas de terminar de almorzar y sientes el estómago revuelto. Justo después de que se cierra la puerta del ascensor, no lo puedes aguantar —dejas escapar un gas ruidoso, y huele mal. ¿Cómo manejas la situación?
  - **Gringo con gas:** Empieza a toser para tapar el ruido.
  - **Latino con gas:** Pregunta: "¿Alguien pisó un pato o qué?".
  - **Gringo con gas:** Dice: "Perdón, disculpas, tengo un problema digestivo".
  - **Latino con gas:** Dice: "¡Epa, puedes oler hasta el ajo!".
  - **Gringo con gas:** Se baja en el próximo piso, aunque no es su piso.
  - **Latino con gas:** No se baja en el próximo piso, aunque ese sí era su piso.
- *Situación C.* Ves un accidente automovilístico enorme a dos cuadras de tu casa, con autos desparramados por todos lados. ¿Qué haces?
  - **Testigo gringa:** Llama al 911 de su celular mientras corre hacia el accidente.
  - **Testigo latina:** Llama a su bruja amiga mientras corre hacia su casa.
  - **Testigo gringa:** Busca las carteras de las víctimas para identificarlas.
  - **Testigo latina:** Busca las carteras de las víctimas para identificarlas. ¿Qué pensaste que iba a decir?

- **Testigo gringa:** Les dice a los otros testigos que no muevan a las víctimas hasta que no lleguen los paramédicos.
- **Testigo latina:** Les dice a los otros testigos que le quiten un pelo a cada víctima, los aten todos juntos y los envuelvan alrededor de una vela blanca.
- *Situación D.* Tu hermano entra de repente a tu casa, herido. Todo su brazo derecho está lastimado. ¿Cómo manejas la situación?
  - **Hermano gringo:** Agarra las llaves y lo lleva a la sala de emergencia más cercana.
  - **Hermano latino:** Agarra las llaves y se las frota sobre las heridas. Es un remedio casero de la familia.
  - **Hermano gringo:** Busca hielo y unas toallas para contrarrestar la inflamación.
  - **Hermano latino:** Busca hielo y whiskey para lidiar con ver sangre.
  - **Hermano gringo:** Le da dos analgésicos para que pase la noche. Mañana se sentirá mejor.
  - **Hermano latino:** Le da una de las pociones caseras de la abuela para que pase la noche. Mañana vomitará todo el día e insistirá conque es un jaguar.
- *Situación E.* Tu vuelo está atrasado y tienes que esperar al menos dos horas más hasta que llegue otro avión. ¿Qué haces?
  - **Pasajero gringo:** Anota el número de vuelo y la puerta de embarque y luego se va a cenar tranquilo, ya que no tiene sentido quedarse sentado esperando sin hacer nada.
  - **Pasajero latino:** Anota el número de vuelo y la puerta de embarque y luego se va a comprar un billete de lotería con esos números, ya que siempre hay una razón detrás de todo.

- **Pasajero gringo:** Le dice al hombre a su lado: "Espero que embarquemos antes de la medianoche".
- **Pasajero latino:** Le dice al hombre a su lado: "Tenemos una apuesta para ver si embarcamos antes de la medianoche, ¿quieres participar con diez dólares?".
- **Pasajero gringo:** Va al quiosco, compra el *Wall Street Journal* y disfruta de una buena lectura.
- **Pasajero latino:** Va a su equipaje, saca un montón de revistas de chismes y las empieza a leer en voz alta mientras llora. Está viendo qué está pasando con las estrellas de sus telenovelas favoritas.

CAPÍTULO 25

Si alguna vez sentiste que no estabas bien, pero tu doctor no te lo podía confirmar, puede que encuentres tu respuesta aquí. Comenzaremos nuestra aventura con tres de las enfermedades folclóricas latinas más comunes, así como los increíbles rituales y ceremonias que los curanderos utilizan para tratarlas en Latinoamérica. La información en este capítulo te puede salvar la vida, pero no porque vaya a diagnosticar cuál es tu problema. Lo que hará es ayudarte a interpretar el diagnóstico del curandero de una manera más informada.

Enfermedad folclórica latina #1: Mal de ojo.

Esta creencia se basa en un principio que dice que algunas personas, llevadas por la envidia de la suerte o buena estampa de otras personas, pueden maldecirlos sólo con mirarlos, mientras piensan: *"¿Por qué a ti sí? ¿Por qué a mí no? ¡No te lo mereces! ¡Te odio! ¡Espero que mueras en llamas!"*. Básicamente lo mismo que pasa cuando le dan el papel a otro actor luego de una audición en Hollywood.

Esta enfermedad es muy fácil de curar, es la más básica para cualquier curandero. Hasta mi abuela te lo podría diagnosticar y curar. La maldición empieza con un dolor de cabeza tremendo, pero algunas culturas creen que el mal de ojo puede causar enfermedades más graves y hasta la muerte. El curandero susurra una oración secreta y hace el signo de la cruz varias veces con su pulgar sobre tu frente. La oración se debe repetir tres veces. Siempre traté de escuchar la oración, para robarme el poder secreto de mi abuela. Me imagino que se daba cuenta, porque me dijo que sólo los curanderos la podían aprender. Le pregunté: "¿Tú eres una curandera, Abuela?". "No", me respondió. No tenía sentido, pero en aquel entonces tenía nueve años así que era fácil engañarme.

Luego me explicó que la oración se debe revelar bajo circunstancias especiales —como en el lecho de muerte del curandero, en la Nochebuena a la medianoche, justo antes de fallecer. Así de difícil es conseguirlo. O tienes que tener mucha suerte con los tiempos o debes recurrir al veneno, me imagino.

Cada vez que me dolía la cabeza, mi abuela estaba feliz de poder poner en práctica su cura para mi mal de ojo. "¡Estás ojeado mijito!". Me hacía el signo de la cruz y me recitaba la oración secreta, y cuando el dolor de cabeza no se iba, lo repetía una y otra vez. De acuerdo a la tradición, si alguien tiene mal de ojo, tanto la víctima como el curandero empiezan a bostezar excesivamente durante el ritual. Para un niño de mi edad, este proceso era tan aburrido como sentarse en una iglesia, y mi abuela tenía ochenta y dos años, así que soy testigo de muchísimos bostezos. Ahí están las pruebas para los no creyentes.

Aunque siempre necesitarás a un curandero para que te quite el mal de ojo, hay una manera simple de protegerte para que no te aflija esta enfermedad. Siempre debes usar algo rojo —una camisa, ropa interior o incluso un hilo rojo alrededor de tu muñeca. Eso es todo lo que necesitas. Los espíritus malos hacen daño las veinticuatro horas al día, pero tú no te verás afectado, eso dicen. La única excepción es si viajas a Pamplona, España, durante una corrida de toros. Más vale tener mal de ojo que una nalga perforada.

USA TU NUEVO CONOCIMIENTO

Imagínate llegando a tu oficina una mañana justo a tiempo para escuchar a uno de tus colegas latinos quejarse de un dolor de cabeza. No le digas de repente: "¡Pedro, tienes mal de ojo!". En vez de agradecerte, Pedro puede sospechar que tú eres la causa de sus dolores de cabeza, y puede empezar a preguntarse: ¿Y este gringo por qué está compartiendo mis maldiciones con todos? ¿Por qué sabe tanto sobre el mal de ojo? Como tú no quieres cambiar el mal de ojo por un ojo morado, mejor prueba con un amable: "Pedro, ¿tienes un minuto?". Antes de darte cuenta, puede que tengas un nuevo negocio manejado desde tu cubículo.

Enfermedad folclórica latina #2: Empacho.

Esto quiere decir "estómago impactado" y está relacionado a un tipo de indigestión causado por la adhesión de comida a la pared estomacal. Es más común en los niños y los síntomas principales son dolor de estómago y una sensación constante de estar lleno.

Si eres un niño gringo, tus padres te dan Tums o Pepto-Bismol. Cuando eres un niño latino y te duele el estómago, lo último que haces es avisarle a tus padres. Tienes que estar muy mal para hacerlo. Hasta llegas al punto donde crees que te vas a morir e igual no les dices; en serio, hasta que ves algo de sangre no le dices a nadie. Esto es porque la cura es peor que la enfermedad. Yo lo llamo medicina preventiva latina. Si no terminas todo lo que está en el plato a la hora de cenar, llaman al curandero. Hay muchas maneras de diagnosticar esta enfermedad. Una es rodar un huevo por el abdomen del paciente. Si el huevo se adhiere a un área en particular, el empacho está confirmado.

—Tus padres me dicen que no terminaste tu cena.

—Me comí cuatro helados antes de llegar a casa, hacía mucho calor.

—No te hagas el listo, ¿no ves como se adhiere el huevo a tu estómago?

—También se pegaron una hilachas, una tarjeta de béisbol y un palito de helado, soy un desastre comiendo.

—No me discutas.

El tratamiento varía dependiendo del país, así que yo voy a contar cómo lo hacía mi abuela. Ella tiraba de la piel de mi espalda, haciendo un chasquido como si fuera una goma. Empezaba hasta de una manera placentera: frotándome un poco de talco en la espalda. Se sentía bien, pero luego agarraba un pedazo de piel, la tiraba para arriba y ¡*puuu-aaac*! Yo gritaba, pero nadie me hacía caso. Ella seguía hasta encontrar el punto adecuado, el que me sanaría. Aparentemente su "habilidad natural" para curar no le daba pista alguna sobre qué parte de la espalda era la clave para sanar el empacho, por lo que seguía y seguía tirando de mi piel. Según ella, había aire atrapado debajo de la piel y eso es lo que causa el empacho. Una vez que se libera el aire, el paciente está curado. No importa cuán largo o doloroso sea el proceso. En vez de llamar a la policía luego de escuchar a un niño de nueve años chillar por una hora, los vecinos asentían con la cabeza: "Otra vez está empachado".

Ahora pongamos este conocimiento en perspectiva. Si mañana ves a una latina encima de otra latina, tirando de la piel de su espalda, por favor no asumas: "Ah, ¡leí sobre esto! Es una curandera ayudando a una empachada". Esto no es algo que hacemos a plena luz del día en frente de todos. Esas dos chicas no están curando nada —seguramente son dos hermanas peleando por un novio. No te preocupes, en cuanto la policía las libere irán a ver a su curandera.

Enfermedad folclórica latina #3: Susto.

¿Alguna vez escuchaste la siguiente frase: "Me dio tanto miedo que sentí que se me salió el corazón"? Esta enfermedad folclórica se basa en el mismo principio, pero lo que se va es el alma. La causa es una experiencia repentina aterradora, como un accidente, una caída, ser testigo de una muerte o cualquier otro evento peligroso y espeluznante. Por ejemplo, cuando eres un inmigrante ilegal y la migra está en el barrio, te petrificas, tu corazón late a toda velocidad, tu nivel de adrenalina es altísimo y sientes que te dará un ataque al corazón si te encuentran. Horas más tarde, sales de la cama y ya no están, pero tú sientes que algo sigue mal. Concluyes que tu alma se ha ido de tu cuerpo, y no va a volver... a menos que encuentres un buen curandero.

Lamentablemente mi abuela no sabía como tratar a alguien que estuviera sufriendo de susto (lamentablemente para ti, pero afortunadamente para mí), así que me puse a investigar. Por lo que encontré, el tratamiento más aceptado para el susto es una ceremonia conocida como barrida. Durante la barrida, el paciente narra los detalles del evento aterrador y luego se acuesta en el piso. El cuerpo del paciente es barrido con hierbas frescas; también se puede usar un huevo (¡así también te diagnostican el empacho!). Durante la barrida, el curandero y otros participantes dicen oraciones para el ritual, recomendándole al alma asustada a que vuelva al cuerpo. En algunos países, los curanderos pueden llegar a saltar sobre el cuerpo del paciente durante la ceremonia. En mi opinión, como el curandero no se puede reír en tu cara porque lo dejaste robarte tu dinero, esta es la manera que utiliza para decirte: "Eres tan tonto que hasta puedo pisarte el estómago y me salgo con la mía".

Dentro de todo, creo que este es el diagnóstico más fácil de todos. Con síntomas tan simples como un dolor de cabeza, cuando se vaya lo habrás curado (o habrás tenido mucha suerte) pero si no se va, el barrio entero pensará que eres un farsante.

Para resumir, propongo que si para integrarnos a la sociedad americana debemos sacrificar algunas costumbres, deberíamos empezar por nuestras enfermedades folclóricas. Toda cultura tuvo su edad media, sus remedios caseros extraños y sus enfermedades sin sentido —el truco que parece haberse escapado es que debemos guardarlos como curiosidades, reírnos de ellos y, por Dios, dejar la espalda de nuestros nietos en paz.

CAPÍTULO 26

El restaurante latino

Hay cosas merecidas y otras que simplemente pasan, pero el destino siempre nos advierte por medio de la "intuición". Cuando aceptas la invitación de tu amigo para salir a cenar el fin de semana que viene, de repente sientes un dolor en el estómago, ¿será una señal? Puede ser gas. Estos amigos, todos gringos, son el estilo de personas que les gusta darse un gustito de aventura, para vivir diferentes experiencias. Se aburren fácilmente y piensan que un salto en paracaídas suena divertido. Siempre están probando cosas nuevas, como si la vida fuera para disfrutarla al extremo.

El plan de ellos para este fin de semana: cenar en un restaurante latino relativamente nuevo, donde hay un chef de renombre que ha trabajado en cocinas de hoteles cinco estrellas a través de toda Latinoamérica. Ubicado cerca de un barrio residencial, los precios indican una comida refinada y un servicio impecable. El día antes de la salida, tienes mala suerte y pierdes la corona de un diente del lado derecho de tu boca. Supones que es una coincidencia, pero no es más que otra señal.

Llega el sábado a la noche y todos se encuentran en el restaurante. El edificio se ve caro, el tipo de lugar que se llevaría una reseña de "cinco tenedores". Hay un letrero grande sobre la puerta que dice La

Cocina de la Abuela, y debajo, Especialistas en Platos Latinoamericanos. El letrero insinúa que todos los platos están hechos con ingredientes naturales, preparados con el mismo amor y dedicación que una abuela tiene por su familia. No importa que tu propia abuela haya quemado huevos duros, servido arroz crudo y hasta cortado lechuga de una manera que la hizo saber peor. Hasta la comida para llevar no era muy rica cuando ella la pedía. Tu abuelo no murió de viejo, sino de hambre. Otra señal.

Volvamos a la segunda línea del letrero: Especialistas en Platos Latinoamericanos. Como hemos mencionado a través de este libro, Latinoamérica no es un sólo lugar, sino un grupo grande y variado de países, cada cual contiene su propia cultura, costumbres y, muchas veces, influencias gastronómicas totalmente diferentes. Decir "platos latinoamericanos" es tan ambiguo como decir "pez" cuando alguien se refiere a la vida marina.

Todas estas cositas combinadas te hacen dudar un poco. Pones esta sensación a un lado cuando tus amigos dicen que se mueren por probar este restaurante después de ver la publicidad de página entera en la revista *Comiendo Hoy*. Bromeas, con un dejo de nervios, que te sentirías más cómodo si la revista se llamara *Comiendo Mañana*. Tus amigos no se ríen.

Una vez sentados, descubres que el menú está escrito en español y el mesero no habla inglés. El organizador de la noche decide ordenar para todos, ya que pasó algo de tiempo con su CD-ROM de español que compró en Internet. La comida llega a la mesa, y con sólo verla ya sabes que no la quieres comer. ¿Qué excusa sería suficientemente buena para dejar a tus amigos y salir corriendo? Lo único que te queda es esperar que ellos coman antes que tú, así si alguien se cae muerto, será una buena razón para no tocar el plato. Pero no pasa nada; comen, charlan, disfrutan de su comida. En algún momento alguien te dice: "¿Vas a comer o qué? ¡Se te va a enfriar!". Tú ni siquiera estabas seguro si te habían servido un plato caliente o frío. Cierras los ojos, respiras profundo y tragas. ¡Es riquísimo! Una mezcla perfecta de diferentes sabores, ni muy picante, ni muy dulce; el plato latinoamericano tenía el balance ideal. Has superado tus miedos y puedes disfrutar de la comida; las señales se equivocaron.

Para cuando llega el plato principal, te empiezas a sentir como un ciudadano de Latinoamérica. Sientes que has viajado por todo el continente probando inolvidables sabores indígenas. Sin pensarlo dos veces, hundes tu tenedor esperando un nuevo manjar. Pero esta vez es diferente. Se podría decir que es... desagradable. Si es carne, está tan rancia que podría ser un mamut lanudo, y encima está demasiado condimentada para enmascarar su sabor a podrido. Para ese momento tus amigos aventureros han bebido copas, baldes y lagunas de margaritas. Como el conductor designado, eres el único que está lo suficientemente sobrio para darse cuenta de que el plato no es bueno. Cuando el mesero levanta el servicio te pregunta: "¿Cómo estuvo todo, Señor? No tocó su comida. ¿No le gustó?". Cuando de manera casual le respondes "no", empiezan una serie de eventos desafortunados que ni te podrías haber imaginado en tus sueños más alocados. El mesero responde que le dejara saber al chef para que te lo reemplacen con otro plato.

EL MIEDO DICE: ¡HOLA!

El chef ya sabe que no te gustó su comida porque el mesero le avisó. Ahora temes decir que no al postre porque eso podría empeorar las cosas. Puede que el decida salir de la cocina para visitar tu mesa y *conversar* contigo, y nadie quiere eso. Bueno, para ser honesto, tus amigos están demasiado borrachos para darse cuenta.

Pregunta: ¿Qué parte de su cuerpo sumergirá el chef en tu postre?

Respuesta: Todo lo que le quepa, así que mejor ordenar algo llameante o helado.

Cuando llegan los postres, parece ser que el chef se ha tomado cierta licencia artística en su interpretación del pastel de chocolate fundido. Su versión, en realidad, es un zapallo con un cuchillo en el medio y una nota que dice "Tú".

Los latinos toman todo de manera personal. No somos capaces de diferenciar entre lo que hacemos y lo que somos. Si no te gusta la comida, un chef latino escucha que lo que en realidad estás diciendo es que no sabe cocinar. Ty Cobb, el jugador de béisbol con el mejor promedio de bateo de todos los tiempos, consiguió un increíble .367, lo cual quiere decir que falló más veces de las que bateó. Es una verdadera lástima que no vayas a tener tiempo para explicarle esta analogía encantadora al chef de La Cocina de la Abuela, mientras sales corriendo y a los gritos del restaurante.

CAPÍTULO 27

Así que quieres saber si tu novia es latina...

A esta altura, has adquirido muchos conocimientos sobre las latinas. Sabes como son. Sabes lo que les encanta. Sabes cómo tratarlas. Pero, identificar a una de ellas entre otras mujeres a veces puede ser difícil.

Por más increíble que parezca, no todos los apellidos latinos suenan como González o García. Por otro lado, no toda Rosa es latina.

Reticentes a lidiar con la inigualdad y la discriminación, algunos latinos optan por esconder su herencia hispana. No estoy hablando de latinos de tercera generación. Me refiero a los inmigrantes que tal vez llegaron al país hace poco, pero pueden hablar bien el inglés y así entremezclarse.

Te puedes preguntar: "¿Si no parecen latinos, no hablan como latinos y no tienen costumbres latinas, ¿a quién le importa si son o no latinos?". Créeme; te debería importar, y mucho. El alma y el espíritu latino siempre está ahí, latente, listo para manifestarse cuando menos te lo esperes. En el caso de tu novia, es posible que ni ella misma sepa que lo es; puede que haya perdido la memoria en un accidente de auto hace tres años. ¿Cómo puedes estar completamente seguro?

Mira la siguiente lista:

1. Te apareces en su casa sin previo aviso.
   Novia no latina: Está viendo *CSI: New York*.
   Novia latina: Está viendo una telenovela llamada *Mis cien hijos*.

2. La llevas contigo a la pinturería.
   Novia no latina: Te sugiere una gama de colores.
   Novia latina: Agarra cinco galones del color anaranjado para las paredes, uno verde para las puertas y un lata chica de plateado para las sillas, sin pedirte tu opinión.

3. Te escondes en el clóset y, en cuanto tu novia entre al cuarto, saltas para afuera gritando para matarla del susto.
   Novia no latina: Se desmaya.
   Novia latina: Grita, "¡Ay, carajo!" y te empieza a correr para darte una patada en la entrepierna.

4. Vuelves a casa antes que ella y escuchas sus mensajes en el contestador.
   Novia no latina: "No tienes ningún mensaje de voz".
   Novia latina: "Tienes 522 mensajes". Los primeros ocho son del "Tío José".

5. Pones una canción de Gloria Estefan, en español.
   Novia no latina: Dice: "Creo que suena mejor en inglés".
   Novia latina: Empieza a cantar y bailar frenéticamente.

6. Pones "Born in the U.S.A." de Bruce Springsteen.
   Novia no latina: Empieza a cantar.
   Novia latina: Empieza a cantar, pero en español.

7. La sacas a una cita y la llevas a un restauranteen donde sólo sirven postres.

Novia no latina: Dice: "Sólo me tomaré un café descafeinado".

Novia latina: De alguna manera te hace gastar más que si hubiera comido una cena completa.

8. La invitas a ir de vacaciones juntos en una gira por Latinoamérica.

   Novia no latina: Compra el diccionario español-inglés antes del viaje.

   Novia latina: Vuelve a los Estados Unidos con doce familiares que ni sabía que tenía.

CAPÍTULO 28

Estás perdido en un barrio latino...

Antes de empezar, hay algunas cosas que debes saber sobre los barrios latinos. La clave no está en qué hacer, sino en qué *no* hacer. Por favor lee, memoriza y aplica la siguiente lista cada vez que vayas en un viaje que involucre pasar por el barrio.

LAS CINCO COSAS PRINCIPALES QUE DEBES EVITAR EN UN BARRIO LATINO

5. Comprar comida en la calle.
   Puede que seas un ex militar que ahora es parte de una pandilla de motocicletas, muy bravucón. Pero a menos que hayas estado entrenando tus tripas igual de fuerte, son de un rosado claro y no soportarán la comida callejera latina. Las tripas del hijo de un latino no sólo han ido a un campo de entrenamiento, sino que son como los sargentos que pasan la vida allí.

4. Llamar a la policía.
   No llegarás a marcar más que 9–1... nadie quiere a la policía allí —ni siquiera las abuelas, quienes te quitarán el teléfono de la mano.

3. Levantar cosas de la calle.

No deberías hacer esto en ningún barrio, pero en el latino es probable que sea un amuleto que quedó ahí como parte de una maldición. Si ya lo tocaste, corre gritando: "¡El poder de Jesucristo te llama! ¡El poder de Jesucristo te llama!".

2. Mirar a las mujeres a los ojos.

¿Tienes idea si esta mujer está saliendo con alguien? Yo tampoco, pero no seas inocentón. En un barrio latino, no hay mujer mayor de trece años que no tenga dueño.

1. Ir a una fiesta.

¿Estás loco? Hasta si te invitaron y lo llamaron una "barbacoa", va a consistir en diez hombres armados, nada de papas fritas y llamadas a tu familia para un pedido de rescate.

Siempre me pregunté por qué los gringos le tienen tanto miedo a los barrios latinos. Creo que es por las películas. Toda película de acción o suspenso tiene un personaje principal, un hombre valiente e intrépido que busca desesperadamente al asesino de su mejor amigo yendo a toda velocidad por calles y veredas en un auto destrozado. El destino entrecruzado hace que su auto se descomponga en el medio de un barrio latino: calles mal iluminadas, basura por todas partes, edificios venidos abajo, gente desamparada durmiendo sobre bancos y una pandilla asaltando a una viejita en la esquina.

Yo siempre niego contundentemente esta representación de un barrio latino. La realidad es que no están tan mal iluminados. Y como actor, me permito tener un montón de revisiones del guión, así que empecemos por meterte en la escena. Digamos que eres la estrella de la película, pero no estás buscando al asesino de tu amigo, simplemente estás perdido. Asumamos que es mediodía, los edificios están en condiciones regulares y no hay gente desamparada dando vueltas

—dejaremos a la pandilla asaltando a la viejita para darle un toque de realidad. Tu celular no tiene señal y no ves ningún teléfono público en los alrededores. En realidad hay varios, pero no lucen muy limpios que digamos. Observas la situación y decides que lo mejor que puedes hacer es golpear a la puerta de un extraño y pedir ayuda. Encontrarás varios arquetipos. Analicemos los más comunes:

CASA #1: LOS ILEGALES.

Hay cuatro autos estacionados en la entrada. Uno de ellos no tiene llantas, asientos ni ventanas y sería mejor describirlo como un cantero, pero igual llamémoslo un auto. Mientras caminas hacia la puerta principal, ves unos ojos que te miran a través de las cortinas. Extrañamente, nadie contesta el timbre. No sólo hay gente en la casa, sino que los puedes escuchar dando vueltas. Miras por la ventana y ves un montón de brazos y piernas que sobresalen por debajo del sofá. Ahora queda todo clarísimo: son inmigrantes ilegales y creen que eres un oficial de la migra. Tu primer impulso es gritar: "¡Abran la puerta, no soy de la migra!". Pero algo te detiene: es la sensación de que esta confusión de identidad puede ser lo que te mantiene a salvo en el barrio.

CASA #2: LA LECTURA.

Tocas a la puerta y rápidamente se abre. La latina, que parece tener noventa y cinco años, te saca una radiografía con los ojos. Lo primero que hace es gritarle a su mamá. Otra señora aparece (luce como de ciento quince) y exclama: "¡Un cliente!". Tratas de protestar, pero te arrastran a una sala oscura, llena de velas perfumadas y huesos de esqueleto. Ella te dice que te sientes y escuches. Durante las próximas dos horas, tú asientes con la cabeza a cada palabra que sale de la boca de esa mujer, mientras te dice que te van a robar, te vas a casar y serás feliz. Eso es todo lo que logras entender, dado que no habla mucho inglés. Al despacharte, te cobra cien dólares. Esto es un buen presagio para tu futuro, porque evidentemente sus predicciones ya se están empezando a cumplir.

CASA #3: EL MENSAJERO.

Mientras subes las escaleras de esta casa, la puerta se abre y sale un hombre. Mide un poco más de cinco pies y tiene un bigote negro. Te encaja un paquete en las manos y dice: "Johnny quiere esto junto con sus otras entregas, el mismo precio".

Recién estás tomando el paquete cuando la puerta se cierra. Temblando, tocas a la puerta. Le dices al hombrecito: "Johnny cambió de planes, quiere el doble o nada, llámalo". De seguro volverá a mirar la información antes de matarte, entonces agarra el paquete, diciendo que va a llamar a Johnny. Presintiendo que esta es tu última oportunidad, corres hacia la calle, pero tu auto ya no está. Prefieres cualquier cosa antes de pasar un minuto más en este manicomio, así que empiezas a correr hacia la civilización.

Una hora más tarde, todavía trotando por la calle, sudado hasta los huesos, pasa por tu lado un auto parecido al tuyo, muy parecido. En el asiento del pasajero está la viejita que estaba siendo asaltada acompañada por los pandilleros, uno de los cuales está manejando, además de la médium y su hija y varios de los ilegales que estaban debajo del sofá. La abuela está abriendo el paquete que ordenó Johnny, y en ese momento te das cuenta de que este no era un barrio de criminales, sino una gran familia ¡celebrándole los cien años a la abuela!

CAPÍTULO 29

Seguramente cuando fuiste a la escuela, tus maestras habían nacido en los Estados Unidos y compartían la misma cultura, costumbres e historia que tú. Bienvenido al siglo veintiuno, donde la globalización, diversificación y las leyes de igualdad de oportunidades de empleo hacen posible —y hasta muy probable— que la escuela de tu hijo emplee a maestros extranjeros.

DE REGRESO A LA ESCUELA

Tu hijito Kevin acaba de cumplir seis años. Lo dejas en su primer día de escuela y todo es nuevo y emocionante: tiene su uniforme nuevo, una mochila de superhéroes, el cabello peinado y huele a jabón. Este año Kevin aprenderá a leer y escribir. Aprenderá sobre la historia de su país y lo que significa ser patriota. En la puerta de su clase hay un cartel escrito a mano que dice: Ms. González. Rápidamente te enteras que Ms. González llegó de México hace ocho años, tiene cuarenta de edad y dicen que es una maestra excelente. Te repites a ti mismo que eso es todo lo que debería importar.

Una maestra latina presenta algunas paradojas graciosas, como tener a una mexicana enseñando la historia de los Estados Unidos a un local. No es que haya nada malo en eso, pero si fueras a contratar a

131

una partera, ¿considerarías a un hombre? Siempre queremos a un instructor que tiene experiencia a nuestro lado, no importe la actividad. Si vas a tomar un curso de física, te encantaría tener a Einstein como profesor. Si vas a jugar béisbol, te gustaría tener a Derek Jeter en tu equipo. Una maestra latina puede perfectamente ser una profesional de un nivel mucho más alto que un par americano, pero nuestros cerebros siguen haciéndonos sentir más cómodos con alguien con un pasado similar.

Por estas razones, estabas un poquito preocupado por tu Kevin. Quedaste aun más intranquilo cuando una noche Kevin dijo "Hasta mañana" en español, en vez de *"Good night"*. Un mes más tarde lo escuchaste decir, "No aguanto a estos gringos", y te entró el pánico. ¿Se justificaba tu reacción? Revisemos la situación de una manera tranquila y racional.

LA MAESTRA LATINA DE TU HIJO ESTÁ HACIENDO MAL SU TRABAJO CUANDO:

1. Enseña su propia versión de la historia americana.

- **El asesinato de JFK:** Un día el presidente quería ir de paseo en su descapotable hidráulico. En la calle, entró al territorio de una pandilla rival —los Reyes del Petróleo Tejano. Le metieron un tiro en la cabeza y le echaron la culpa a otro.

- **Aterrizaje en la luna:** En un intento de cruzar la frontera ilegalmente, un mexicano llamado Ranita se enganchó cuatro motores de cohetes a su Chevrolet de 1957. En ocho minutos, su vehículo fue de 0 a 17.000 millas por hora, pegó contra una piedra y rompió con la atracción de la gravedad de la tierra. Cuando aterrizó en la luna, pensó que era San Diego, y para amoldarse al lugar, encajó una bandera americana en el suelo. La NASA nunca pudo repetir los logros de Ranita, por lo que entonces hicieron una película sobre el aterrizaje en la luna con unos efectos especiales bastante malos.

- **La escapada amorosa de Bill Clinton:** En un gesto noble, el presidente invitó a una de sus pasantes a una visita guiada por el salón oval. Ella aceptó feliz, y justo en el medio de la visita, se dio cuenta de que él tenía el cierre del pantalón bajo. Le susurró está información y cuando miró para abajo para cerrarse el cierre, el presidente perdió un lente de contacto. Mientras ella se arrodillaba para orarle a Santa Lucía, la santa de los ojos y la ceguera, el presidente, sin poder ver bien de un ojo, dio un paso hacia adelante enganchando así a su cierre en los aparatos de dientes de ella. En ese preciso momento, Kenneth Starr entró a la sala y fue todo un gran malentendido. Esto le puede pasar a cualquiera, si no ¿cómo crees que conseguí este trabajo?

- **Día de la Independencia:** Sea que quieras independizarte de la pobreza, tu suegra o una amante incontrolable, el 4 de julio es el día que los americanos apartaron para que esto ocurra. Usan fuegos artificiales, petardos y velas romanas para hacer tanto ruido que si le pegas un tiro a alguien, incendias un edificio o robas un almacén, la policía no se enterará hasta la mañana siguiente.

2. Inventa feriados y dice que son para "la educación cultural".

- **El Día Nacional de la Salsa:** Todos los niños aprenden a menear sus caderas sin parar y salen temprano de clases.

- **El aniversario de la muerte de Fidel Castro:** Como todavía está vivo, ella elige un día al azar y lo celebra terminando las clases temprano y fumándose un buen habano.

- **El Día del Inmigrante Ilegal:** Cualquier niño que pueda pasar por al lado del guardia de cruce sin ser atrapado se puede ir a casa temprano, pero una vez allí tiene que hacer el doble de tarea por la mitad de los puntos.

3. Las reuniones de padres son un dolor de cabeza.

   Ms. González cita a todos a las 4:30 p.m. como hora de comienzo, por lo que los padres se ven obligados a tomarse medio día del trabajo o rogar que los dejen salir temprano. Todos los padres gringos están ahí a las 4:15, pero el padre del único niño latino en la escuela, Ramón Gálvez, no llega hasta las 5:08 p.m. Ms. González también llega a las 5:08, como si ambos se hubieran puesto de acuerdo.

   Lo primero que hace Ms. González es preguntar si todos hablan inglés. El señor Gálvez levanta la mano y dice "no". Hace cincuenta años, los otros setenta padres en la sala hubieran estado de acuerdo en que era su responsabilidad aprender el idioma, pero el mundo ha cambiado. Nadie se queja cuando Ms. González anuncia que va a dar su charla en ambos idiomas. Lo que iba a durar noventa minutos ahora durará tres horas.

4. Abiertamente le dice a sus estudiantes qué quiere que le regalen para el día del maestro.

   No quiere una tarjeta ni una manzana. Al principio del año distribuye una lista de materiales para los alumnos, la cual incluye una hoja aparte titulada: "Los deseos de su maestra...". Esta lista incluye delineador de ojos, revistas en español, espuma de baño, abono para macetas, limpiador de vidrios, harina de maíz, medias panty, aspirina, máscara de barro, spray quitamanchas, crema para las manos, bombillas de luz, comida de pájaros, acondicionador de pelo, curitas, repelente de insectos, azúcar en polvo, algodón y más.

5. Pide una reunión en privado con algunos de los padres de los alumnos, antes de darles sus notas.

   Urgentemente debe reunirse con dos categorías de padres: los más ricos y los más guapos. Deben juntarse en privado para discutir asuntos educacionales... en su casa... a la noche... un sábado por la noche. Esto es apropiado porque ella es soltera y curvilínea.

- Si el padre no llega, su hijo recibirá una F, es decir: "*F you, too*" (al diablo contigo también).

- Si el padre llega con su esposa, su hijo recibirá una D, es decir: "¡Date cuenta!".

- Si el padre llega solo, bien peinado y oliendo a colonia, su hijo recibirá una A, es decir: "¡Ay, papi!".

Si la maestra de tu hijo es latina, debes asegurarte de enseñarle tú mismo tus valores americanos. Los niños absorben las enseñanzas de los adultos como verdades absolutas, lo último que necesitas es que tu hijo empiece a citar al Che Guevara y que comience a hacer planes para juntarse con sus "hermanos" para luchar por la libertad en alguna jungla.

CAPÍTULO 30

Tu vecino es un nuevo rico latino...
(reglas de convivencia)

Hasta hace no mucho, algunas barreras parecían imposibles de superar. Había lugares en donde los gringos esperaban estar con gente igual que ellos, y nadie más. Hoy día, no hay muro lo suficientemente alto como para mantener afuera los cambios de la sociedad moderna. El dinero reina y "un millón es un millón", sin importar de quién sea. Las familias de herederos que pensaron que nunca tendrían vecinos latinos se equivocaron. Gracias a las bendiciones varias de esta tierra de oportunidades, los latinos del siglo veintiuno pueden comprarse casas en barrios exclusivos, con rejas y dos guardias, que anteriormente habían sido entrenados para mantener alejados a gente como ellos. Además, los latinos hasta pueden ganarse este dinero por medio de actividades *legales*.

LOS ESTÁNDARES DE LA COMUNIDAD

La casa de al lado había estado a la venta por un par de meses. Un día te sorprendió ver el cartel que decía VENDIDO, ya que parecía ser cara para lo que ofrecía. Desde ese instante, los rumores sobre los nuevos vecinos empezaron a esparcirse en la comunidad. ¿Fue un médico el que compró la casa, o un político o un actor o atleta famoso?

El año anterior habías participado en la reunión anual de los propietarios del vecindario. Alguien sugirió crear un comité para evaluar y aprobar posibles compradores dentro de la comunidad exclusiva. La opinión que prevaleció fue magnánima y democrática: "Quien tenga el dinero suficiente para comprar una casa a estos precios es bienvenido al barrio". Para los que no leen los diarios, ¡es hora de despertarse! Hoy en día, cualquiera puede hacerse millonario. La riqueza no garantiza educación, moralidad ni clase en lo absoluto —para ser honesto, nunca lo garantizó.

Buscas en el sitio web del condado y encuentras el apellido de tu nuevo vecino: Vazqueño. ¿Una ñ? Esa letra no está presente en el alfabeto inglés: tus nuevos vecinos son latinos.

LA MUDANZA

Son las seis y media de la mañana del sábado. Tres camiones de dieciocho ruedas se estacionan frente a la casa de al lado, ocupando la mitad de la cuadra. Desde la ventana de tu baño observas un cuadro impresionante: veinticinco hombres yendo y viniendo de los camiones a toda velocidad, cargando muebles y montones de cajas. Los gritos son fuertes, suena como si estuvieran ahí contigo metidos en tu jacuzzi. Y ahí es cuando te das cuenta que los gritos no provienen de los muchachos de la mudanza, quienes son eficientes y precisos y utilizan radioteléfonos para comunicarse. El ruido viene de una fiesta. Treinta y dos personas están jugando béisbol y asando unas costillas de cerdo en el jardín del frente —donde hasta hace sólo diez minutos solamente había césped verde y geranios en flor.

Tratas de ser comprensivo: nueva casa, nuevo barrio... se deben sentir como peces fuera del agua, así que decidieron celebrar entre amigos. Pero esto es un malentendido de tu parte, porque las treinta y dos personas pisoteando las flores y grama de esa casa (y la tuya) son miembros de la familia Vazqueño. La mudanza termina a las cinco de la tarde. Pero el ruido se queda.

BIENVENIDOS AL BARRIO

Dejando tus reservas de lado, aceptas que un buen vecino se define por su simpatía. Visitas a la casa Vazqueño con un regalo de bienvenida —un portaplumas de cuero— en mano. Cuando compras un regalo, deberías hacerlo pensando en el que lo recibirá, para que le funcione. En este caso todavía ni conoces a tu vecino, tienes razón. Pero sabes que es una familia latina, y ahí el que tiene razón soy yo. Esa información debería ser suficiente para guiarte mejor. Por ejemplo:

- Un bordado enmarcado que dice *Hogar Dulce Hogar* y una botella de tequila.
- Un póster de un guerrero azteca virgen y una botella de tequila.
- Una gorra de béisbol que diga *No Cerveza, No Trabajo* y una botella de tequila.
- Una pintura en gamuza de un payaso triste y una botella de tequila.
- Dos botellas de tequila.

ESPÍAS COMO NOSOTROS

Luego de presentar tu regalo, probablemente te invitarán a pasar y te darán un recorrido por la casa. Trata de que no se te caiga la mandíbula y de que no se sobresalten tus ojos. No te quiero asustar, pero lo último que quieres es que la cabeza de la familia latina piense: "¡¿A este gringo no le gusta mi castillo!?". Las cortinas de comedor son violetas, sí. Es el color de la realeza, por si no lo sabías. Hay tantos y tan variados muebles en la sala de estar que parece el depósito de un decorador. Hay tantos espejos que por un momento crees que doblarás una equina y te encontrarás a Bruce Lee peleando contra su archienemigo Han.

EL TEMA DE LOS LÍMITES

Tu intento de civismo de vecino convencerá al señor Vazqueño de que te gustaría ser su mejor amigo. Los latinos somos amigables por naturaleza, en muchos casos quizás demasiado. Pronto te considerará su pana, su compinche, su compadre. Se sentirá tu amigo, el amigo de tu esposa y de tus hijos. Cree que es amigo de tus amigos, de los amigos de tu esposa, de los de tus hijos y hasta de los padres de los amigos de tus hijos.

Te invitará a cenar con su familia, esperará a que lo invites a cenar con la tuya y también esperará que los padres de los amigos de tus hijos también lo inviten. Es hora de pensar en algunas excusas, nada demasiado grosero. Tu intención no es lastimarlo, pero necesitas dejarle saber, de la manera más cortés, que lo único que te interesa es un saludo ocasional desde sus puertas.

Aquí hay un número de excusas adecuadas, con un rango de descortesía, como sea necesario:

- **Suave:** "Mi esposa tiene agorafobia, casi nunca sale. Gracias por entender, ya veremos si su condición mejora el año que viene".
- **Mediano:** "Fuimos amigos cercanos con los dueños anteriores de tu casa y murieron en un accidente horrible. Crees en la superstición, ¿no?".
- **Caliente:** "Votamos en contra de la educación bilingüe en las escuelas y esperamos que ustedes también lo hagan. A aprender inglés, ¿no les parece?".
- **Caliente como un chile jalapeño:** "No veo la hora de que toda tu familia conozca a mi hermano. Está todo agrandado ahora que tiene un puesto alto en la INS, pero siempre lo sentiré como mi sombrita.

DE LA RESISTENCIA A LA COEXISTENCIA

Te arrepientes de no haber comprado una propiedad más grande, no porque te guste el aire libre, pero por lo menos si hubieras estado más lejos podrías evitar el olor a cocina latina que se filtra a tu sala de estar. Y ni hablar de la grasa que se pega a tus ventanas, haciéndolas ver como el ojo de buey de un submarino. A tu esposa no le parece de buen gusto que la mujer de Vazqueño tome el sol desnuda en su jardín. Por un lado, es su propiedad. Por otro, subirse a una escalera de quince pies para zambullirse en la piscina desnuda es un poco fuera de línea cuando la cerca tiene sólo cinco pies de altura.

Tener a tus vecinos afuera durante todo el fin de semana —gritando, fumando como chimeneas y arrancando naranjas del árbol en tu propiedad—, con eso puedes vivir. Ahora que tiren las colillas de sus cigarrillos y las cáscaras de las naranjas sobre la cerca a tu jardín es demasiado. ¿Todavía estás en busca de respuestas? ¿Todavía ruegas por una solución? Sólo hay una cosa que puedes hacer: si no les puedes ganar, únete a ellos. Puede ser más fácil de lo que piensas, lo cual nos lleva al siguiente capítulo.

Cortesía de Cristián de la Fuente

Aquí estoy en una fiesta de karaoke en mi casa. Son las seis de la madrugada y estoy cantando a todo pulmón (y desafinando.) Estamos en la terraza. Estoy rodeado de vecinos gringos. Ahora que veo la foto entiendo por qué llamaron a la policía.

CAPÍTULO 31

¿Qué pasaría si te enteraras de que no eres quien creías que eras? ¿Qué factores juegan un papel en determinar cómo son las personas? ¿Tiene todo que ver con genes o son las circunstancias específicas en las que nos criaron? Yo creo que es una mezcla de ambas cosas. Podría tener los genes de un domador de leones, pero si mi padre no trabaja en un circo, nunca me enteraría de esta posibilidad. No quiero meterme en teorías existenciales, pero me preguntó qué pasaría si se descubriera un factor genético a mitad de tu vida. Si el potencial domador de leones no ve un felino hasta que tiene cincuenta y dos años, ¿igual debería honrar su talento? ¿Debería dejar su bufete de abogados en Chicago para girar por el mundo con la mujer con barba y el niño con cara de perro? Si a los cuarenta un gringo descubre que el "verdadero" apellido de su padre es López, ¿cambiaría su comportamiento? No lo sé, pero eso explicaría por qué estaba tan nervioso al decirle a los oficiales de la frontera de Canadá que no tenía fruta en el auto.

Exploremos cómo podría comenzar este estilo de historia. Ronald Hughes, de cuarenta y un años, nació en Milwaukee. A los dieciocho se fue a la universidad, y tres años más tarde la dejó para convertirse en vendedor de celulares en Manhattan. Un día su padre Greg Hughes fallece. Ronald vuelve a Milwaukee para el entierro. El resto de la familia recibe a Ronald con los clichés usuales: "Nos tomo a todos por sorpresa", "Era tan bueno" y "Qué tragedia".

Después del entierro, el abogado de la familia explica que hay un testamento y debería leerse antes de que los familiares que viven fuera de la ciudad regresen a sus casas. Todos se juntan en el comedor. El abogado se sienta en la cabecera de la mesa, revisando el documento, mientras Ronald, su madre, hermanos, tíos, tías y primos esperan con ansias.

El abogado empieza leyendo: "Yo, Greg Hughes López, de aquí en más le dejo...". Lo que sucede después parece sacado de una película: La escena disminuye la velocidad como cuando le dispararon una lluvia de balas a Neo en *The Matrix*, luego el terror se adueña de la sala como una playa en *Jaws* y luego pánico total con lámparas en el piso y cortinas encendidas, como si fuera una escena de *Meet the Parents*. Ronald salta de su silla y agarra al abogado del cuello, demandando una explicación. No se ha equivocado. Greg se llevo su secreto a la tumba, pero se revela mientras su cuerpo todavía emana calor: había nacido en Colombia y el apellido de su padre era López. En ese instante, algunos pedazos del rompecabezas familiar comienzan a tener sentido. Por ejemplo, las fotos de Greg cuando era un niño en una plantación de café, las cuales no existen en Milwaukee... ni hablar de su habilidad para hacer el mejor espresso-macchiato del estado de Wisconsin. Su legado no fue dinero; de eso no había nada. Lo que dejó fue un patrimonio cultural eternamente rico.

EL NUEVO YO

Ronald sale al jardín, tratando de volver en sí. Se siente como si el monstruo de la película *Alien* le estuviera destruyendo el cuerpo de adentro para afuera, aunque esta película se tendría que haber llamado *Alien Ilegal*. A primera vista parece tonto ya que en realidad nadie ha cambiado para él. Puede seguir su vida como la viene llevando hace cuarenta años. Pero a su vez, enterarse de que la mitad de la sangre que corre por sus venas es latina, es la revelación más grande de su vida. Evolucionar o morir, esa es la pregunta.

Ronald sale a caminar, compenetrado en sus pensamientos. Mientras cruza la calle, sin mirar, un auto casi lo atropella. Hurga en su bolsillo en busca de chicle, se mete un pedazo en la boca y deja caer el papelito en la calle. Un policía le da una multa por arrojar basura en la calle. Ronald ha sido latino por treinta minutos y ya odia a los gringos.

Diciéndole "Hasta la vista, baby" al resto de su familia, "Ronaldo" se toma el autobús de regreso a Nueva York. Durante el viaje, su mente pasa por lo que la psiquiatra Elisabeth Kübler-Ross llama las cinco etapas del duelo:

1. Negación.
   No puedo ser latino. Reprobé español, creo que Penélope Cruz no es gran cosa y no me interesan las telenovelas.

2. Odio.
   ¿Por qué mi papá nunca me dijo nada sobre sus verdaderos orígenes? ¡Porque así son los latinos, por eso!

3. Negociación.
   Puedo ir a un banco de sangre en Nueva York para que me hagan una transfusión total. Pero, con mi suerte, pasaré de ser mitad latino a ser totalmente chino y estaré aun más confundido.

4. Depresión.
   No soy de aquí, ni soy de allá. No soy de otro país; soy de otro planeta.

5. Aceptación.
   ¿Qué diablos estoy diciendo? Tengo lo mejor de ambos mundos. Soy un ciudadano de primera clase y un macho *Latin lover*. Puedo cruzar la frontera cuando se me de la gana y puedo bailar salsa. Puedo ir a SoHo a comprarme la ropa más llamativa, luego ponérmela

toda junta; para una entrevista para un préstamo o para un entierro, da lo mismo.

DE REGRESO A LA NORMALIDAD

Ronald llega a la gran manzana. Saluda a extraños diciéndoles "hola" (en español) y le compra dos CDs de Gloria Estefan a un vendedor ambulante en Times Square. Ronald Hughes López se siente latino y le gusta. Quiere saludar a las mujeres con un beso, olvidar su inglés y evadir sus impuestos. Decide averiguar qué pasó con su padre en Colombia. Hace unas llamadas, investiga un poco en Internet y descubre lo que yo llamo su "herencia latina":

- Tiene siete medio hermanos y doce primos viviendo en Colombia, algunos de ellos en Bogotá, el resto en Medellín.
- Su padre tenía una deuda con el país, el cual se espera sea honrada por el hijo.
- En cuanto supieron de su existencia, cuatro de sus medio hermanos le mandaron cartas pidiéndole préstamos (los otros tres son analfabetos).
- Recibe cuatro propuestas de matrimonio —tres de transexuales y una cuarta de una prostituta.

Ronald entiende que está abriendo una caja de Pandora, pero se siente obligado. No puede evitarlo. Se pregunta: "¿Qué es lo que debo hacer para ser un verdadero latino en los Estados Unidos?" Entonces habla con todos los latinos que encuentra y escribe una lista. Aquí tienes esa lista.

DIEZ COSAS QUE HAY QUE HACER PARA SER UN LATINO EN LOS ESTADOS UNIDOS:

10. Aprende español, pero mézclalo con el inglés.

9. Habla de tu país latino con amor y pasión, aunque nunca hayas estado allí.

8. Llama a un primo en tu país de origen y jáctate de la cantidad de dinero que ganas.

7. Saca las plantas de tu jardín para hacerle lugar al asador.

6. Cuenta la historia de cómo inmigró tu padre, cómo luchó para hacerse ciudadano y trabajó turnos triples para pagar tu educación. Si no tienes ese estilo de historia, invéntate una.

5. Ten un par de anécdotas sobre cómo te discriminaron en el colegio, el trabajo o cuando cruzaste la frontera. Si no tienes ninguna, invéntalas.

4. Mira las telenovelas a diario.

3. Elige un santo, compra una estatua tamaño real y empieza a pedirle favores, haz rituales y prométele sacrificios.

2. Comienza a comer todos los platos latinos, incluyendo la tripa y lengua que vienes evitando.

1. Consíguete una novia latina.

Ronald decide que lo primero que debe hacer es conseguirse una novia latina. Entonces llama a Antonia, su mucama indocumentada. El Ronald de antes la veía como una empleada barata y en su momento aprovechó la oportunidad para venderle un celular de $780 que ella ni necesitaba ni podía pagar. El Ronald de ahora ve a una mujer totalmente diferente, un ser humano como él, buscando las mismas cosas, con el mismo pasado y las mismas luchas. El invita a salir a Antonia, se empiezan a conocer y se enamoran profundamente. Enseguida se mudan juntos y, luego de un año, se casan.

Al pasar los años, Antonia no puede creer que alguna vez vio a Ronald como un gringo glotón y desalmado. Ahora es completamente diferente —un marido latino típico que la hace cocinar, trapear el piso, planchar, ocuparse de los niños, que no la deja hablar con ningún hombre, ni tener dinero propio, ni vestirse de manera atractiva, a pesar de que él vive mirando a todas las mujeres del barrio.

Si el abuelo López lo pudiera ver ahora... ¡estaría tan orgulloso de "Ronaldo"!

CAPÍTULO 32

Prueba #2: Para bailar la bamba

Como estamos llegando al final de otra parte de nuestro viaje, me veo obligado, una vez más, a poner a prueba tu latinidad. No te pongas nervioso, te apoyo desde el fondo de mi corazón. El cielo es el límite, pero yo estaría feliz si sólo obtienes uno o dos puntos más que en la primera prueba. No quiero agregarte más presión, pero a esta altura, si no sacas una buena calificación, no hay mucho que pueda hacer por ti. El sistema es el mismo. Suma 0 puntos por cada respuesta "a", 1 punto por cada "b" y 3 puntos por cada "c". Recuerda contestar las preguntas pensando como latino.

1. Tienes que comprar una camisa para una entrevista de trabajo. Vas a tu tienda preferida y descubres que sólo le quedan tres colores: amarillo relámpago, verde radioactivo y rosado flamenco. ¿Qué harías?
   a. Vas a otra tienda
   b. Le dices al gerente que *necesitas* tu camisa violeta, y que te tiene que buscar una.
   c. Preguntas si pueden coser estas tres camisas para formar una impresionante.

2. ¿Cuál sería la mejor frase que usarías para describir la cocina latina?

    a. "No se si puedes llamar *cocina* a una tortilla con chiles".

    b. "Imagínatela como la escoba de la naturaleza".

    c. "Tan rica que te quema el doble".

3. Tu hijo de veinticinco años llega a casa con un auto deportivo nuevo, un traje caro y un reloj de oro. ¿Qué es lo primero que le dices?

    a. "¡Te conseguiste un trabajo nuevo!"

    b. "Trata de no pasarte del límite de todas tu tarjetas".

    c. Nada. Agarras el bate y lo amenazas hasta que te promete que dejará la pandilla.

4. ¿Qué es ropa vieja?

    a. ¿Me estás dando una clase de español? No sé, ni me importa.

    b. La ropa vieja es un plato tradicional latino de carne guisada.

    c. Lo único que hay en tu clóset.

5. Llegas a casa una noche. En cuanto abres la puerta, encuentras a toda tu familia reunida para confrontarte con tu problema con las apuestas. ¿Cómo reaccionas?

    a. "No puedo creer que les estoy haciendo pasar por todo esto... ¡Discúlpenme [sollozo], por favor!"

    b. "Me imaginaba que habría una en diez posibilidades de que esto ocurriera".

    c. "Les apuesto cien dólares a que no me convencen, ¿quién está conmigo?".

Resultados:

0 a 5 puntos: Te crees práctico, realista, lógico y eficiente, y peor aún, crees que todas esas son virtudes. Si pensabas viajar a Latinoamérica, reclama tu dinero —nunca sobrevivirás a ese viaje.

6 a 12 puntos: Vas bien, pero no es suficiente. El contratista arreglando tu techo todavía te odia. Es hora de lanzarte de lleno al mundo latino.

13 a 15 puntos: Creo que estás muy cerca de estar listo para tu bigote y sombrero. Pero recuerda, tus vecinos gringos pueden tornarse envidiosos o hasta hostiles cuando vean tu nueva forma de vida.

TERCERA PARTE

EL IDIOMA Y LOS MEDIOS DE COMUNICACIÓN

CAPÍTULO 33

HÁBLAME Y TE DIRÉ SI ERES LATINO

He escuchado decir que si hablas tres idiomas eres trilingüe, si hablas dos eres bilingüe y si hablas uno eres americano. No obstante, si quieres entender a los latinos, una de las herramientas más vitales y esenciales es el dominio de nuestro vocabulario. No quiero decir el idioma en sí, sino más bien los coloquialismos y modismos con los que tenemos nuestras conversaciones. Antes de llegar a estas frases, hay algunos mitos y verdades para poner en la balanza.

Mito #1: Los latinos hablan en voz muy alta.

Es verdad. Cuando llamo a mis amigos gringos, muchos me preguntan: "¿Por qué estás gritando? ¿Estás enojado conmigo?", y yo sólo les estoy diciendo *hola*. ¿Por qué es eso? Un profesor de lingüística explicó que el hecho que los latinos hablen más alto se debe a una mayor presencia de vocales abiertas dentro del idioma español—como *a* y *o*. La idea es que los que hablamos español tenemos que abrir la boca más ampliamente que alguien que habla inglés, y eso hace que los latinos griten. Yo puedo refutar esa teoría con un ejemplo personal, la experiencia de Rodrigo Flores, un amigo que se fracturó la mandíbula jugando al básquetbol. Su tratamiento consistió en cuatro meses de inmovilización, y durante ese tiempo sólo podía abrir la boca lo suficiente para chupar unos licuados de fruta por una pajilla, pero a pesar de todo Rodrigo se las ingenió para seguir hablando a los gritos. Esta puede ser una de las razones principales de por qué los latinos no pueden guardar un secreto: no sabemos susurrar, incluso cuando nuestra mandíbula esta atada con un alambre.

Mito #2: Los latinos hablan todos a la vez.

Un latino siempre cree que lo que está diciendo es lo más importante de la conversación, así es que no puede esperar a que el otro termine su frase. También entiende que todos los demás se sienten igual. Hablamos por encima de todos, pero lo curioso es que hasta cuando cinco latinos están todos hablando a la vez, cada uno entiende lo que los otro cuatro están diciendo.

Verdad #1: Los latinos no usan todo el alfabeto.

Tras años de sacrificio y de sobrevivir con muy poquito, los latinos también se las han arreglado para hablar sin tener que usar todas las letras del alfabeto. Hoy en día, la letra *s* al final de una palabra es inexistente para nosotros. Los latinos no la pronuncian, y en muchos casos ni la escriben. La *s* es muy importante para el español correcto. Tiene sentido que a los gringos les cueste entender a los latinos. Aunque hayas aprendido español, no podrías mantener una conversación con nosotros. He visto a muchos turistas gringos en la zona de Miami Beach, confundidos, tratando de entender por qué un valet latino les devolvía las llaves de su auto y les decía "mucha gracia" en vez de "muchas gracias" Una cosa es que algo te dé gracia y otra cosa es agradecer.

Verdad #2: Todo país latinoamericano habla su propia versión del español.

Aparte de los diferentes acentos, hay diferentes palabras. No quiero irme por las ramas detallando las diferencias entre el español hablado por mexicanos, cubanos, puertorriqueños y más, sino que pretendo que entiendas algunas de las cosas importantes que debes saber, algunas rarezas idiomáticas que fácilmente te podrían volver loco si no estuvieras preparado.

Los mexicanos tienen una palabra en particular que usan al final de la mayoría de sus frases: güey, lo cual quiere decir amigo, chamo, pana, etc. La cosa es que usan la palabra güey en casi toda situación. Y, es más, la pronunciación en inglés se puede confundir con *way*, que quiere decir camino, manera y dirección, entre otras. Así que te imaginarás la confusión que puede traer esto en una conversación.

"Which way goes to the hotel?".(¿Qué camino va al hotel?)

"¿Cuál *güey*? Todos pueden ir al hotel!"

"We don't know the way." (No conocemos el camino)

"No tienen que conocer a ningún *güey*, vayan nomás."

"No way!"

"Sí, *güey*!"

Los latinos de Cuba, por otro lado, usan "chico" o "chica" con cada frase que sale de sus bocas. Donde un gringo dice *"Come on, man"*, un cubano dice "Oye, chico". Y lo usan para todo: "Tu sabes, chico", "Mira, chico", "Déjame, chico". Así que si conversas con un cubano, no te sientes raro cuando te dice "chico", aunque tengas setenta y cinco años de edad.

Finalmente están los latinos puertorriqueños que cambian la letra *r* por la *l* cuando pronuncian ciertas palabras, lo cual te puede enloquecer. "Me voy a bañar" se dice "Me voy a bañal". "Las cosas van a cambiar" es "Las cosas van a cambial". "Esto es una mierda" se dice "Esto es una mieeelda".

Para complicar las cosas aún más, dada la mezcla de culturas de la última década, puedes encontrar a un latino que ha adoptado modismos de otros países. Si un valet latino grita algo como: "¡Güey! ¿Vas a parkeal, chico?" no hay duda alguna de lo que significa eso: sigue manejando.

Saltearse algunas letras del alfabeto, cambiar unas por otras e introducir formas graciosas para dirigirse a nuestros pares son anormalidades mínimas que se encuentran en toda lengua viva. Cuando le agregas al español la fuerza poderosa de la inmigración y la asimilación, se crea un nuevo infierno lingüístico:

- "¡Aplástale a las *brecas*!".
- "¿Qué pasa, *bróder*?". (Y si es puertorriqueño lo pronunciaría "*bródel*".)
- "Se acabaron los *confleys*".
- "No *cuitees* que vas ganando".
- "Le diste una *chaineada* a tu carro".
- "¡*Chécate* esto!".
- "Yo te *chuteo*".
- "Quiero *dropearme* de la escuela".
- "Esa película me *friqueó*".
- "Tengo que pagar mi *íncontas*".
- "Se me olvido *sainear* el cheque".
- "Puedes *yompearme* el carro?".
- "Voy a tirar todo al *yonque*".

Querido idioma inglés: Ten miedo, ten mucho miedo. Los latinos vamos por tí. Estamos cambiando la forma de hablar... de a una letra por vez.

CAPÍTULO 34

Verdad: Los latinos son un sector demográfico importante en la sociedad norteamericana.

He pasado sólo diez años de mi vida profesional en este mercado, pero ya he visto como han empezado a cambiar las cosas. Normalmente voy a muchas audiciones; así es como muchos de nosotros los actores conseguimos trabajos —a menos que seamos profesionales de renombre. Tengo tantos guiones apilados en mi sala que me siento en parte responsable por la deforestación en las Amazonas. Una cosa que he notado en el último par de años es que muchos productores están dispuestos a cambiar el personaje para el que están audicionando —pueden considerar hacerlo latino, si hacerlo tiene sentido, en un intento de atraer a un sector demográfico más amplio.

Tuve un papel menor en *Basic* con John Travolta y Samuel L. Jackson. Cuando hice la audición, mi personaje era gringo, pero lo cambiaron para mí y lo llamaron "Castro". Me imagino que nadie hubiera creído en el personaje si me hubiera llamado "Patrick". Además de eso, el casting original para el papel que hago en el drama del USA Network *In Plain Sight* fue desarrollado para un jugador de béisbol afroamericano, y su nombre no era, como te lo podrás imaginar, Raphael Ramírez.

Mito: Los inmigrantes están tomando los empleos de los americanos. Durante los últimos veinte años, los gringos han creído que esto es un hecho. Pues, no lo es. La China y la India están tomando los trabajos americanos, nosotros simplemente estamos *haciendo* los trabajos americanos... en los Estados Unidos. Cuando la industria automotriz japonesa acaparó al mercado con sus autos baratos y con bajo consumo de gasolina, nadie intentó deportar a los inmigrantes japoneses. Todos se adaptaron con el tiempo. Bueno... sin hablar de los grandes subsidios de ahora. Y si el que está leyendo esto es un actor gringo, siempre podrás hacer audiciones para el contrabandista, traficante y gángster si quieres. Pero mi punto no termina aquí. Lo llevaré aun más lejos: los inmigrantes le han dado a los gringos del mundo de entretenimiento cientos de trabajos. ¿Cómo es esto? Muchos de los exitosos programas televisivos que has amado durante los últimos años no son más que ideas robadas de los latinos. Hace un tiempo, los mejores escritores latinos estaban desesperados por encontrar trabajo en Hollywood. Hacían lo que fuera para conseguir una cita con un ejecutivo de televisión. Si quieres que un canal produzca tu programa, debes comenzar haciendo un "pitch", que básicamente se trata de explicar tu idea y cómo ésta será todo un éxito con millones de personas sintonizando cada semana. En mi experiencia, cuando estás tratando de vender tu visión, ellos siempre están pensando lo mismo: "Cómo podríamos hacer este programa *sin* la participación del tipo que lo está presentando?". ¿Qué hicieron los ejecutivos del canal? Compraron las ideas, sólo para usar los títulos. Sin más, aquí están los títulos de programas que terminaron siendo todo un éxito, junto con sus ideas originales:

- *House*
  Trabajando desde su casa un curandero malhumorado presenta diagnósticos ilógicos y receta tratamientos que parecer una locura, y siempre funcionan.
- *American Idol*
  Un inmigrante ilegal se casa con una mujer gringa

atractiva, se hace ciudadano y alcanza una posición heroica en su pueblo de Metlatonoc, México.

- *30 Rock*
Un grupo de mariachis decide cambiar de estilos y terminan siendo leyendas del rocanrol.

- *Desperate Housewives*
Cuatro latinas buscan a sus inútiles esposos por todas las discotecas de la ciudad.

- *24*
Un docudrama en tiempo real sobre una pareja puertorriqueña y sus veintidós hijos.

- *Dancing with the Stars*
Una mula colombiana pincha por accidente una de las bolsitas de drogas que estaba tratando de tragarse. Mientras media libra de cocaína corre por su torrente sanguíneo, ella sale de su cuerpo y flota hasta el cielo, donde baila la macarena con Ritchie Valens, Frida Kahlo y Tito Puente.

- *The West Wing*
Dos hermanos cubanos se pelean para ver quien se queda con el último pedazo de pollo.

- *The Office*
Un trabajador indocumentado conspira para entrar a las oficinas del INS y robarse las respuestas para el examen de ciudadanía de los Estados Unidos, sólo para enterarse luego de que cualquiera puede encontrarlas en Internet.

- *Friends*
Un grupo de coyotes de El Paso ayuda a unos mexicanos a que crucen la frontera de los Estados Unidos.

- *The Amazing Race*
Una continuación de *Friends,* las cosas se ponen que

arde cuando un oficial de la frontera empieza a perseguir a la camioneta.

- *Deal or No Deal*
  Una continuación de *The Amazing Race*, donde los coyotes intentan sobornar a un oficial de la frontera.

CAPÍTULO 35

Las telenovelas

Yo conseguí el protagónico masculino en la primera serie producida en español por Jennifer López. Finalmente, empecé a ser tratado como una estrella. Aquí pueden ver mi trailer. No, no es el grande, el mío era esa camioneta pequeña que se ve al fondo.

En el siglo veintiuno, los medios se han transformado en una parte fundamental de la vida diaria de todos en el mundo entero —excepto

161

para los Amish. Gracias a la televisión por cable, los diarios, las revistas y el internet, tendrías que ser un extraterrestre para no enterarte de las noticias. Los correos electrónicos y los mensajes de texto han eclipsado la comunicación regular por teléfono y por correo. Las compañías de cable ofrecen cientos de canales, en todos los idiomas, en vivo desde donde sea —y estoy hablando del paquete básico, ni quiero imaginar con lo que te ofrecen los paquetes especiales.

Los gringos —incluyendo aquellos viviendo en una cabaña en Lickskillet Holler, Kentucky, quienes nunca han visto un latino en sus vidas— tienen acceso al mundo latino gracias a las telenovelas por cable. Hace tres décadas, ni nos hubiésemos soñado que un latino, un gringo, un esquimal y Pie Grande estarían todos viendo *Yo sé que la niñera es la hija de tu abuelo millonario*. Dicen que la falta de conocimiento puede ser peligrosa, así que asegurémonos de hacer las preguntas acertadas sobre las novelas —por ejemplo: "¿Reflejan, de alguna forma, la verdadera experiencia latina?".

Mito #1: Las novelas representan la vida latina de una manera acertada.

Esto es falso. A los latinos les encanta el drama, pero sabemos que es sólo entretenimiento. Lamentablemente, no todos se dan cuenta de eso. Tengo algunos amigos gringos que están tomando clases de español y miran novelas para practicar la pronunciación. Me han preguntado: "¿Por qué las latinas lloran todo el día? Lo siento tanto, tu matrimonio debe ser insoportable". Los gringos también tienden a creer que todo latino es mexicano porque los canales de televisión en español se dirigen al grupo más grande de latinos. Es como ver Lifetime y creer que todos los americanos son mujeres blancas cuarentonas con esposos alcohólicos.

Mito #2: Nuestras novelas son más melodramáticas y ridículas que las americanas.

Esto es verdad. He visto novelas gringas, y son bien aburridas. Pasa todo un capítulo y ¿nadie mató accidentalmente a la persona equivocada sólo para enterarse que era su hijo? ¿Nadie quedó embarazada por alguien que se hacía pasar por otro? ¿Por qué verías algo así? Los latinos necesitan ver a alguien sufrir más que ellos. Por eso no vemos telenovelas gringas, porque nos parece que los personajes se podrían sentir mejor al ver nuestras vidas reales.

Mito #3: Un actor de telenovela exagera de sobremanera.

No existe un "actor de telenovela". Sí existe un actor que no consigue trabajo en el cine, una comedia, un drama, una obra de teatro o un musical. Cuando el director de casting de un musical te pide que bajes un poco el tono exagerado, probablemente sea mejor que vuelvas a las novelas.

Mito #4: Los gringos no entenderían una novela, aún cuando pudieran entender el español.

Esto es verdad, pero se puede arreglar de manera fácil. Una vez que todos en tu casa estén durmiendo, hazte una bolsa grande de palomitas de maíz con mucha manteca y siéntate cómodamente en el sofá en frente de la televisión. Hay bastantes canales hispanos, pero usando la guía del cable, te encuentras primero con Univision. No entiendes una palabra, pero entiendes la historia. Hay un asesinato, un engaño, un accidente espantoso y un embarazo sorpresa; una abuela rica pierde su memoria mientras que su nieto mayor, y el más buenmozo, queda ciego; la cabeza de la familia, un hombre respetable, está teniendo una aventura con una cocinera con unos pechos gigantes, quien al final es nada más y nada menos que la hija que perdió hace veinte años. Esto no es una sinopsis de la temporada, son los primeros cinco minutos de uno de los capítulos.

Cambias de canal y vas a Telemundo. Su novela es básicamente lo mismo, pero le agregan una caravana de gitanos.

A pesar de la situación absolutamente irreal, las interpretaciones bizarras y trastocadas, y las peleas inexplicablemente ruidosas, ocurre algo mágico. No puedes dejar de ver. Cinco minutos más tarde, una lagrima corre por tu mejilla cuando ves que María decide tener a su hijo a pesar de ser soltera, desempleada, tetrapléjica y una mujer lobo. El milagro ha comenzado para tí.

Treinta minutos más tarde, has terminado tus palomitas de maíz, seis cervezas y dos cajas de Kleenex. Nadie sabe cuál es el secreto, pero las novelas son las reinas de la televisión para la audiencia hispana en los Estados Unidos. Aunque todos saben que María se casará con el hijo del galán millonario en el último capítulo, sin importar cuanto intente detenerlos su engreída novia, no podemos resistir pernernos ni un solo capítulo.

Consejo final: Una vez que hayas terminado tu análisis profundo de las telenovelas, deberías usar los controles para deshabilitar los canales hispanos y proteger así a tus hijos. Ahora debes pasar al próximo nivel en tu estudio de los latinos, y no quedarte estancado en éste lugar, no importa cuánto lo disfrutes. ¿Cómo? Bueno, tienes razón. Yo te metí en esto, así que ahora de alguna manera parece ser mi culpa. Está bien, puedes seguir viendo *El Amor de María* hasta el final.

CAPÍTULO 36

Entrando a Hollywood por la puerta grande

¿Por qué los latinos finalmente han podido entrar a Hollywood? Para responder a esta pregunta, debemos empezar por el principio. Cuando Anthony Quinn, nacido en México en 1915, actuó como la estrella principal en *Lawrence of Arabia* en 1962, era extremadamente inusual ver a un actor latino interpretando a un personaje que no fuera latino. Y era muy inusual ver a un latino en un papel principal. Y era bastante inusual ver a un latino trabajando en la industria del entretenimiento, fuera de los que le servían la comida a los actores. En la televisión hemos visto al cubano Desi Arnaz desde 1951, pero él corría con ventaja porque estaba casado con la creadora y estrella del programa. No fue hasta 1978 que vimos a Ricardo Montalbán, también nacido en México, interpretar el personaje principal del exitoso programa de televisión *Fantasy Island*. Luego, la cubana María Conchita Alonso fue coprotagonista en *The Running Man* con Arnold Schwarzenegger, el cubano Andy García aparecería en *The Untouchables* y el puertorriqueño Raúl Juliá deslumbraría en *Kiss of the Spider Woman*.

La verdad sobre los papeles latinos. Dejando a un lado estas pocas excepciones, la mayoría de los papeles latinos han sido pequeñas partes que se pueden resumir en cuatro características principales:

1. Están involucrados en algún tipo de actividad ilegal, como la venta de armas o el tráfico de drogas.

2. Viven en barrios malos —aunque le venta de armas y el tráfico de drogas trae mucho dinero.

3. Se ven sucios, obscenos y matones.

4. Cuando dos personajes latinos están solos en un cuarto, hablan en inglés. Luego, cuando interactúan con otros personajes que no son latinos, se les escapa algunas palabras en español.

Si un gringo entre la audiencia no tuviera ningún latino viviendo cerca —y hace veinticinco años, esto era posible— todo lo que hubiera recibido como mensaje de los medios es: "Cuidado con esta gente". Gracias a Dios los medios han evolucionado, junto con la sociedad, claro. Los personajes latinos ya no sólo son pandilleros. Ahora son hombres de negocios y millonarios —por ejemplo, traficantes de escalas mayores, ladrones internacionales de diamantes y estafadores de calidad mundial.

De una u otra manera, la hicimos. Hoy día no sólo vemos a actores latinos como protagonistas de películas y series de televisión, sino que también nos nominan para los grandes premios gringos como los Oscars o los Emmys. Hollywood definitivamente nos ha abierto las puertas. ¿Por qué pasó? ¿Será que los gringos finalmente reconocieron nuestra dedicación y talento? No hay que ser ingenuo, la realidad es que los actores latinos generan mucho dinero en las taquillas. Por eso, así es como toman una decisión en Hollywood hoy en día:

Paso #1: Un actor extranjero es famoso en el exterior y su mera presencia garantiza un éxito de taquilla en su país. A pesar de los miles de actores latinos luchando por triunfar en Hollywood, alguien menciona el nombre de este actor en una reunión —y sólo gracias a que uno de los ejecutivos leyó un artículo de un párrafo sobre él en la revista *Variety* hace cinco minutos en el baño.

Paso #2: El departamento de mercadeo calcula que hay tres posibles audiencias: inmigrantes de su país que lo conocen bien; los latinos en general, que simplemente están contentos de ver a un latino en una película; y las gringas que han leído sobre lo guapo que es este actor en *Entertainment Weekly*.

Paso #3: Se descubre que este actor no habla ni una palabra de inglés. Nadie quiere matar la idea del ejecutivo, así que rápidamente se arman planes para traerlo y enseñarle inglés, y si no puede aprender, le reescribirán el personaje para que sea un mimo.

Al otro lado del espectro, hay muchos actores latinos que pueden interpretar un personaje gringo impecablemente bien. Puede que los reconozcas por sus nombres —si es que esperas a leer el final de los créditos— pero si no, ni te hubieras dado cuenta. La verdad es que, en la mayoría de los casos, los títulos de los personajes son algo como "hombre en la calle #1" o "chica en la mesa de atrás" o "policía #22", pero ten en cuenta que no dice "policía #22 *latino*", así que eso es un papel gringo, por lo menos para mí.

Honestamente, no sé por qué los actores latinos tardaron tanto en recibir papeles gringos. Sorprendentemente, no hubo ni una duda cuando era al revés. Al Pacino es un gran actor; me encanta su trabajo. El interpretó un cubano en *Scarface* y un puertorriqueño en *Carlito's Way*, y en ambos casos sus actuaciones fueron sobresalientes, pero sus acentos eran malísimos. Creo que ningún actor latino alguna vez ha hablado abiertamente sobre este asunto, probablemente porque el señor Pacino puede destruir casi cualquier carrera con una llamada. Pero si vamos a coexistir en este país, es hora de ser honestos los unos con los otros.

NOTA: Si por casualidad eres amigo de Al Pacino, espero que este comentario no arruine mis posibilidades de trabajar con él algún día, y no hablo de cortarle el césped. A menos que él lo necesite, claro, no nos engañemos.

XLV FESTIVAL INTERNACIONAL DE LA CANCIÓN
VIÑA DEL MAR - CHILE 2004

La primera vez que bailé en televisión no fue en *Dancing With The Stars* sino en el "Festival de Viña del Mar", en Chile. Aquí conmigo está Juan Gabriel, enseñándome su famoso baile "Noa Noa". Si no sabes quién es él, definitivamente eres gringo. Búscalo en Google.

CAPÍTULO 37

MENSAJES OCULTOS EN LAS CANCIONES LATINAS

La manera más rápida de aprender sobre cualquier cultura es a través de su música. Nuestra historia musical comparte nuestras experiencias y mensajes a lo largo de generaciones y fronteras culturales. La primera pregunta es: ¿Qué escuchan los latinos?

Mito #1: Los latinos escuchan rancheras, tejano, regional y otro estilos de música mexicana.

Falso. Sólo los mexicanos escuchan exclusivamente música mexicana —y no todos lo hacen. Los latinos aman muchos estilos de música, con tal de que tenga un ritmo que los mueva. Tal vez me refiero a bailar, tal vez me refiero a algo más, ¿quién sabe? Lo cual nos lleva al siguiente mito.

Mito #2: Todas las canciones latinas tienen letras con contenido sexual.

Muchas veces es cierto. Las letras latinas son para la música lo que las novelas son para la televisión. Siempre hay drama, emoción y lograr que las mujeres bajen la guardia —y ¡bum! Te tengo, nena. Honestamente, puede que toda la música haya sido creada con ese propósito. El reconocido cantautor Joan Manuel Serrat, de España, una vez dijo:

"En esta vida, todo lo que hacemos los hombres es para conquistar mujeres". Incluso cuando la seducción no es explícita, puede ser explicada por el próximo mito.

Mito #3: Las canciones latinas tienen mensajes subliminales escondidos en sus letras.

Esto es verdad. Si prestamos atención a las canciones y sabemos interpretar sus significados, tendremos un arma invalorable para comprender a los latinos. Y eso es lo que estoy por hacer. Intencionalmente he elegido algunas canciones románticas donde, aparentemente, las letras hablan de amores perdidos. Dentro de cada una, los mensajes escondidos toman un camino completamente distinto. Los oyentes aman las canciones que escuchamos, pero inconscientemente nuestros cerebros reciben otros mensajes, completando los espacios en blanco con lo que a ellos les parece apropiado.

Jamás encontraremos a un compositor explicando en una ronda de prensa qué quiso decir cuando escribió: "La flor de tu aura engranada en mi alma cargada con deseo". Primero, a los artistas no les gusta dar explicaciones sobre su trabajo. Segundo, no tiene la más remota idea qué diablos quería decir cuando escribió esa canción. Puede que haya sido la única rima que se le ocurrió en ese momento. Lo que sigue son fragmentos de canciones grabadas por exitosos cantantes latinos y los mensajes subliminales que yo creo contribuyeron a que cada canción se convirtiera en un éxito.

"Tu amor o tu desprecio"
Artista: Marco Antonio Solís, de México

Tal vez es un error hoy de mi parte el aferrarme a esto tan bonito

Pero no soy capaz ni de enfrentarte y decirte que yo no te necesito

Al parecer, la canción está hablando de terminar un amor, pero fácilmente podría ser la historia de un inmigrante ilegal que se casó con una ciudadana americana para obtener su residencia. La frase "decirte que yo no te necesito" es, como mínimo, un poco sospechosa. Por supuesto, ya tiene estatus legal. Eso era todo lo que él quería de ella.

"A Medio Vivir"
Artista: Ricky Martin, de Puerto Rico

Parece como si hubiera sido ayer ese primer día que nos vimos desnudos

Y siempre pensé: la vida debe de continuar pero sin ti todo se quedó por la mitad

¿Puedes ver el mensaje subliminal aquí? Me pregunto cuántas historias de amor habrán comenzado entre médicos y los que aplican para la ciudadanía. Por si no lo sabías, para conseguir la residencia legal en los Estados Unidos (el paso anterior a la ciudadanía), el candidato debe hacerse un examen médico obligatorio. Ese tipo de intimidad puede dejar cicatrices emocionales, y a este hombre ya no le importa lo de la *green card* si no puede seguir viendo a su doctora, esa que le revisó sus partes más íntimas.

"Ciega, Sordomuda"
Artista: Shakira, de Colombia

Bruta, ciega, sordomuda, torpe, traste y testaruda

Es todo lo que he sido, por ti me he convertido

Shakira ha cruzado al otro lado de la acera, ya que hace años que canta también en inglés. Esta canción la compuso cuando sólo cantaba en español. Suena como una letra inocente que habla de una chica cegada por el amor, pero el mensaje subliminal le pega duro a todos aquellos latinos tratando de aprender inglés. Cuando luchamos con un idioma nuevo, nos sentimos "brutos, ciegos, sordomudos, torpes, trastes y testarudos". Lo debe haber escrito cuando ella misma estaba empezando a estudiar inglés.

"Usted Abusó"
Artista: Celia Cruz, de Cuba

Usted abusó, sacó provecho de mí, abusó

Sacó partido de mí, abusó. De mi cariño usted abusó

La protagonista de esta historia se siente abusada porque confió en otro ser humano, supuestamente con su amor. Pero cualquier chica que escucha esta canción recordará aquella cita cuando un latino la llevó a un restaurante barato, dividió la cuenta y, en vez de besarla, le pidió un préstamo. No abusó de su corazón, sino de sus cuarenta dólares.

"La Bilirrubina"
Artista: Juan Luis Guerra, de la República Dominicana

Y me inyectaron suero de colores, y me sacaron la radiografía

Y me diagnosticaron mal de amores al ver mi corazón como latía

Reservé la mejor para el final, una canción simple sobre el mal de amores de un hombre. Cualquier latino que ha estado en una sala de emergencias sin seguro médico sabe que esta letra tiene un significado completamente diferente, que crea una conexión instantánea con el oyente. Todos estamos al tanto de cómo el sistema médico maltrata a la gente. Presta atención a la letra. Este hombre fue al hospital, le inyectaron un "suero de colores" —seguramente uno que ya había expirado— y le tomaron una radiografía. Ese fue el mejor tratamiento que estaban dispuestos a darle a alguien sin seguro médico.

No podían diagnosticarlo con tan pocas pruebas, así que le dijeron que estaba "enamorado", cuando en realidad tenía una taquicardia causada por una cardiomiopatía hipertrófica. Lamentablemente, la cirugía de corazón que necesitaba no estaba cubierta por el sistema público de salud. Era mejor que muriera en casa, pensando que estaba sufriendo un mal de amores. Definitivamente una apasionada canción de protesta contra el sistema médico, escondida detrás de un ritmo contagioso. Este tema musical fue un éxito extraordinario que impulsó la carrera de Juan Luis Guerra a un nuevo nivel, pero si el gobierno se hubiera dado cuenta de su mensaje subversivo, los resultados podrían haber sido otros.

Desde principios del siglo, las agencias gubernamentales americanas han estado revisando las letras, títulos y hasta nombres de los grupos que intentan entrar en el mercado latino de los Estados Unidos. La meta de las agencias es detectar cualquier tipo de mensaje subliminal y tratar de evitar que llegue a la población latina. El primer grupo prohibido fue la banda chilena Los Ilegales; sus planes de girar por los Estados Unidos se pulverizaron cuando sus visas les fueron denegadas de por vida, como una medida preventiva.

CAPÍTULO 38

Verdad #1: Las películas ya no son lo que eran antes.

En los últimos años, un porcentaje récord de los grandes estrenos de Hollywood no han sido más que nuevas versiones de viejas películas. Con tanto dinero en juego —estamos hablando de un presupuesto de máas de cien millones de dólares por película— nadie se quiere arriesgar. La nueva versión le da al estudio un especie de "prueba gratis" del mercado, porque ya saben qué tan bien le fue a la original. Los productores entienden que una nueva versión garantiza una cantidad mínima de personas en la taquilla—a menos que sea *Waterworld* o *Gigli*, en donde el mínimo fue el máximo de personas.

Verdad #2: Los latinos van mucho al cine.

Los latinos no tenemos miedo de gastar para entretenernos, incluso a niveles extravagantes. El ingreso por los latinos que van al cine aumenta año tras año, una tendencia que fue un llamado de atención para la industria del cine.

Conclusión: Siguiendo los consejos de los "expertos de mercadeo", los estudios decidieron rehacer una serie de películas clásicas, especialmente enfocadas al público latino. Armaron un equipo creativo de escritores profesionales de distintos países de Latinoamérica para elegir, adaptar y reescribir éxitos de taquilla que serían producidos y estrenados en el mercado cuanto antes. Desafortunadamente este equipo fue disuelto unos meses más tarde porque los escritores se la pasaban tomando cerveza, haciendo competencia de eructos y coqueteando con el personal femenino en vez de trabajar en las ideas. Por suerte para la historia, algunas de las sinopsis que crearon fueron encontradas debajo de unas cajas de pizzas al limpiar sus oficinas.

Título original y año de estreno: *Mission Impossible* (1996)
Nueva sinopsis: Dos inmigrantes recién llegados deciden inscribirse en un colegio público para aprender inglés. Resulta ser bien difícil. Tienen un sistema de estudio, pero ni eso funciona. Mientras tanto, ambos se casan con viudas ricas, reciben la ciudadanía y multiplican sus enormes fortunas, pero todavía no pueden conjugar el pasado perfecto.
Nuevo género: Comedia romántica

Título original y año de estreno: *Kramer vs. Kramer (1979)*
Nuevo título provisional: *González vs. González vs. González*
Nueva sinopsis: Una pareja latina decide terminar su matrimonio y divorciarse. Están de acuerdo con todo menos un detalle: su hijo José de siete años. Ninguno de los dos se quiere quedar con el niño porque ambos tienen hijos de matrimonios anteriores —ella tiene seis y él once. Mientras cada uno demanda al otro para imponerle la custodia, el pequeño José los demanda a ambos para lograr su emancipación y que le den su pensión alimenticia atrasada.
Género: Drama legal

Título original y año de estreno: *Titanic* (1997)
Nueva sinopsis: Podría haber sido una de las producciones más ambiciosas del estudio: una balsa de calidad mundial, que según la opinión de muchos es imposible de hundir, deja la isla de

Cuba en su primer viaje, llevando cientos de hombres, mujeres y niños con la esperanza de llegar a un futuro mejor en los Estados Unidos. El mal tiempo amenaza la nave, mientras "Onei" y "Regla", la dulce pareja protagónica, buscan un lugar privado para consumar su pasión —lo cual es imposible a bordo de una balsa sin puertas, paredes ni techo... por eso se llama balsa, sino sería un barco. A treinta y cinco millas de la costa estadounidense, la balsa se estrella contra una mina naval abandonada de la Unión Soviética. La tripulación valientemente intenta evitar la colisión, pero es demasiado tarde, la balsa estalla en pedazos. Algunos de los pasajeros se las arreglan con un trozo de madera para mantenerse a flote, pero Onei y Regla deciden hacer el amor debajo del agua, durante lo que fue su primer momento privado en el viaje. En el gran final, un guardacostas rescata a los sobrevivientes y los lleva a tierra estadounidense. Pero la suerte de Onei no alcanzó a salvarlo; lo atropella una moto acuática y muere sin haber logrado llegar a la costa de los Estados Unidos. La bella Regla llega a Miami, pero nunca más usará una moto acuática.

Género: Drama histórico.

Título original y año de estreno: *The Lord of the Rings: The Return of the King* (2003)

Nueva sinopsis: Un joyero contrabandista puertorriqueño en Nueva York es traicionado y sentenciado a pasar un largo periodo tras las rejas . Hoy, "Daddy King" ha recuperado su libertad y está de regreso para vengarse. Aquellos que lo traicionaron saben que no se podrán esconder —desde el día en que lo soltaron las calles de Nueva York han sido el escenario de peleas sangrientas, cadáveres en los callejones, accidentes de autos, secuestros, incendios y un grupo de policías abrumado que no puede controlar el caos. A decir verdad, es como cualquier otro día en Nueva York.

Nuevo género: Gángster

Título original y año de estreno: *E.T.* (1982)

Nueva sinopsis: Estamos en la década de los cuarenta en los Estados Unidos, cuando Ernesto Torres decide cruzar la frontera. Una niña de siete años descubre a Ernesto en el jardín de su casa, se asusta y grita como si hubiera visto un extraterrestre. Ernesto la trata de tranquilizar en español, pero para la niña le está hablando en un idioma de otro planeta. Cuando al fin se tranquiliza, comparten unos Chiclets y lo esconde en su casa. Al final, toda la familia adopta a Ernesto, pero los rumores se han esparcido por el pueblo. Las autoridades quieren saber qué tipo de criatura extraña están albergando. E.T. decide que debería volver a su mundo, así que un grupo de niños ayuda a Ernesto a que vuelva a la frontera. En una escena emotiva, él pronuncia la famosa frase: "Ernesto Torres llama a casa" (ET phone home).

CAPÍTULO 39

Ya has leído muchas verdades y mitos sobre el idioma y los medios, pero ¿cuánto has podido absorber? Aquí podrás apreciar nuevas situaciones en donde nuestras teorías se pueden ver en práctica.

- *Situación A.* Estás en camino a la casa de un amigo en la parte histórica de la ciudad. El barrio está lleno de turistas tomando fotos y admirando la vista. En un momento un hombre te para y te pregunta algo en un idioma extranjero. ¿Cómo respondes?
- **Guía gringo:** Dice: "Perdón, no comprendo".
- **Guía latino:** Dice: "¿En qué hablas, puertorriqueño?".
- **Guía gringo:** Dice: "Encontremos una cabina de información turística".
- **Guía latino:** Dice: "Encontremos una cabina de *striptease*".
- **Guía gringo:** Llama a su esposa para decirle que estará llegando tarde porque tiene que ayudar a que alguien encuentre su destino.

- **Guía latino:** Apunta al oeste, porque se acuerda de algo graciosísimo que pasó en esa dirección.
- *Situación B.* Has estado siguiendo una telenovela durante toda la temporada. Estás a cinco minutos del final del último capítulo y, obviamente, estás lagrimeando. Tu esposo abre la puerta y te dice que tiene otra mujer en su vida y que quiere un divorcio. ¿Qué haces?
  - **Gringa amante de novelas:** Dice: "¿Cómo puedes hacerme esto?".
  - **Latina amante de novelas:** Dice: "¿Cómo puedes hacerle esto al final de la novela?".
  - **Gringa amante de novelas:** Le arroja todo lo que tiene a su alcance, apuntando a la cabeza.
  - **Latina amante de novelas:** Le arroja todo lo que tiene a su alcance apuntando a la cabeza, durante las propagandas.
  - **Gringa amante de novelas:** No dice ni una palabra, hace sus maletas y le jura que no la verá nunca más.
  - **Latina Amante de novelas:** No dice ni una palabra, ya que tiene que prestarle atención a la televisión en este momento.
- *Situación C.* Tu mejor amigo murió en un accidente automovilístico. Era joven y lleno de vida. En el entierro, alguien empieza a tocar una canción alegre. ¿Cómo reaccionas?
  - **Gringa en duelo:** Encuentra de dónde viene la música y la apaga.
  - **Latina en duelo:** Empieza a bailar sugestivamente —y excita a todos.
  - **Gringa en duelo:** Mira a la persona con una mirada fulminante.
  - **Latina en duelo:** Le da a la persona un espectáculo fulminante.

- **Gringa en duelo:** Grita: "¡Por favor respeten al difunto".
- **Latina en duelo:** Grita: "¡La viuda también baila súper bien!".
- *Situación D.* Un auto acelera por las calles de un barrio tranquilo. En el vehículo hay cuatro sujetos masculinos, que andan con la mitad del cuerpo afuera de las ventanas, y todos llevan ametralladoras. Hay una señal de alto al final de la cuadra. Abren fuego y destruyen la señal, mientras ríen histéricamente.
  - **Televidente gringo:** Dice: "¡Esta película es buenísima! ¡Nunca he visto este tipo de acción!".
  - **Televidente latino:** Dice: "¡Este barrio es terrible! Esto no debería pasar fuera de las películas".
  - **Televidente gringo:** Dice: "Me imagino que en cualquier momento los empezará a perseguir la policía".
  - **Televidente latino:** Dice: "Me imagino que no aparecerá la policía. Tienen miedo de venir aquí".
  - **Televidente gringo:** Piensa: "Me hubiera encantado que me tío vea esta película. ¡Le encantan las de acción!".
  - **Televidente latino:** Piensa: "Espero que nadie haya reconocido a mi tío en el asiento del acompañante".
- *Situación E. Idioma–Autobiografía.* Digamos que tu vida es bastante interesante. Decides escribir un libro narrando tus experiencias. ¿Cuál sería el título ideal?
  - **Escritor gringo:** *Mi vida*
  - **Escritor latino:** *¿A esto le llamas vida?*
  - **Escritor gringo:** *Siempre mirando hacia arriba*
  - **Escritor latino:** *Siempre espiando hacia afuera*
  - **Escritor gringo:** *Resistencia*
  - **Escritor latino:** *Residencia*

CAPÍTULO 40

Los besos de telenovela

Como actor que ha sido estrella en varias novelas, muchas veces me preguntan sobre los besos. ¿Cómo se siente? ¿Es real o no? Y mucho más. Por eso, decidí agregar en el libro una selección de las mejores preguntas que he escuchado en cuanto a este tema y las contesto aquí.

- ¿Los besos son reales o generados por computadora?
  ¿Tú crees que las compañías de producción latinas son como Dreamworks? No podemos pagar por todos esos servicios artísticos, mucho menos imágenes generadas por computadoras. ¿Y para qué? Es sólo un beso, no una misión espacial al sol.
- ¿Sientes algo al besar a una actriz?
  Te puedo decir que no es lo mismo que siento al besar a mi querida esposa.
  NOTA: Hola, amor, ¡te amo tanto!
  De todos modos, somos hombre y mujer, y estamos hechos de carne y hueso... y a veces más hueso, ya sabes a lo que me refiero.
- ¿Qué pasa cuando la mujer a la que tienes que besar tiene mal aliento?

Esta foto fue tomada durante una entrevista en vivo en Chile. Me estaban preguntando si es verdad que tengo una computadora de color rosa. En ésta época las noticias vuelan.

Cortesia de Cristián de la Fuente

Igual la besas porque lo que te interesa es el aroma del cheque. Si eres amigo de la actriz, te podrás imaginar lo que almorzó.

- ¿Es verdad que las escenas con beso muchas veces requieren muchas tomas?
  Requieren más tomas si la actriz está buena y el director es tu amigo.
- ¿Qué haces cuando te acabas de pelear con tu coprotagonista latina y tienes que actuar una escena de amor con ella?
  Ella hace lo mismo que con su esposo —finge. Por lo menos conmigo es sólo una escena de tres minutos, no una vida entera con un haragán.
- ¿Cómo sabes si puedes usar lengua en un beso?
  Nunca lo tuve que pensar —te sorprendería saber qué tan seguido la que toma la iniciativa es la actriz.
- ¿Los besos alguna vez llevan a algo más después de la escena?
  Depende, por supuesto, pero esta pregunta se responde sola si lees las revistas de chismes. ¿No te has dado cuenta cuántas veces una pareja de Hollywood empieza a salir justo después de compartir cartel en una película? Dicen que la oportunidad crea al ladrón.
- ¿Se pone celosa tu esposa cuando tienes que besar a otra mujer en pantalla?
  Mi esposa no se pone celosa. Es una adulta que entiende que esa es mi manera de ganarme la vida, y que hay una diferencia entre un beso en pantalla y un verdadero beso. Pero igual me patea debajo de la mesa, por razones que sólo ella sabe.

CAPÍTULO 41

Primero que todo, definamos galán. El diccionario de la Real Academia Española dice: Hombre de buen semblante, bien proporcionado y airoso en el manejo de su persona; hombre que galantea a una mujer; actor de teatro o cine que representa papeles principales, sobre todo de carácter amoroso. Eso es un buen comienzo, pero yo creo que para ser un galán se necesita mucho más. No todo actor latino guapo es galán. Vamos a establecer los requerimientos más detallados:

1. Tiene que ser guapo.
   Y no sólo para su madre. Tiene que tener rasgos simétricos, los ángulos correctos, no demasiado redondo, ni demasiado cuadrado —debe verse como un matador.

2. Tiene que ser fornido.
   Tiene que ir al gimnasio, entrenar a diario y tener músculos. ¡El patio de una cárcel no cuenta como gimnasio!

3. Tiene que ser fuerte y a la vez sensible.
   Tiene que ser el estilo de hombre que ves y piensas: "Si

184

hay un terremoto, quisiera estar a su lado". Por otro lado, cuando su mejor amigo muere en un accidente de motocicleta, es importante que mire al cielo, buscando respuestas, mientras una lagrima corre por su mejilla.

4. Tiene que vestirse bien.

Puede ser buenmozo, pero pierde puntos si se pone sandalias con medias. Tiene que usar ropa de marca: de moda y moderna. Debes prestarle mucha atención a su reloj —si es falso, él es un farsante. Un galán no tiene miedo de mostrar su riqueza, incluso cuando es pobre.

5. Tiene que oler a rosas.

Los galanes se ven como Vin Diesel, pero huelen como Liberace. Podrían correr la maratón de Nueva York en un esmoquin sin sudar ni una gota.

6. Lo puedes tener en la cama, pero nunca se quedará a dormir.

Si los hombres normales no te abrazan después de tener relaciones sexuales, los galanes ni siquiera te quieren en su apartamento. Ellos *necesitan* estar solos durante la noche, es parte del proceso que yo llamo "la condición Cenicienta": a la medianoche, la carroza se transforma en zapallo. ¿Cómo crees que hacen para verse bien durante todo el día? Se ponen cremas, máscaras de barro y gel de pepinos en sus caras; se ponen acondicionador en el pelo y usan una gorra de baño; se ponen crema en las manos y duermen con guantes protectores. ¡El efecto combinado se ve como una escena de *Mars Attacks!*

Para que un latino califique como galán, debe cumplir con los seis requisitos. Si no, aunque esté bueno y sea el hombre de tus sueños, no es un galán.

Cortesía de Cristián de la Fuente

Esto no es gay, siempre y cuando estés haciendo éstos tratamientos de belleza para entretener a tu hija; y la que esté tomando la foto sea tu mujer.

Sólo para hacer el ejercicio, digamos que tuviste una suerte impresionante y conseguiste a un latino que cumple todos los requisitos. Obviamente estás totalmente enamorada de él. No podrías soportar el final de este romance ideal, así que repasemos algunas de las cosas que debes hacer y las que debes evitar.

LAS CINCO COSAS QUE *NUNCA* DEBES HACER CUANDO ESTÁS CON UN GALÁN:

5. No le pidas un autógrafo. Ya lo han engañado haciéndolo firmar licencias de matrimonio, aprendió su lección.

4. No digas, "Haría cualquier cosa por ti", porque puede llegar a pedirte que le traigas una pizza, le limpies el apartamento y luego te vayas.

3. No lo señales y le grites a tus amigas: "¿No está buenísimo?". Pensará que le estás proponiendo algo

grupal, y cuando se entere que no, se sentirá desilusionado.

2. No esperes a que note tu presencia. Tú no eres para él, y lo sabes. Si eres Pamela Anderson, Beyoncé o Penelope Cruz leyendo ésto, por favor no hagas caso a este punto.

1. Si las cosas no funcionan, no pases el resto de la noche pensando en lo que podrías haber hecho diferente. Para cuando te empieces a cuestionar, él ya estará en su casa afeitándose el pecho.

CÓMO CONQUISTAR A UN GALÁN LATINO

Esto no es fácil. ¿Qué puedes hacer para capturar una presa tan escurridiza? No te puedo dar una fórmula o una lista infalible de frases para enamorarlo, pero te puedo recomendar ciertas tácticas que te pueden ayudar.

1. Cuando pases caminando por su lado, dile a tu amiga: "Está bueno, pero no tan bueno como Javier Bardem". Se deprimirá tanto que dejara de afeitarse la espalda y depilarse las cejas, y dentro de unas pocas semanas será alcanzable.

2. Encuentra a su mejor amigo, que en general son feísimos ya que a los galanes no les gusta la competencia. Tendrás que acostarte con el amigo —perdón, no te puedes saltear esta parte— y luego decirles a ambos que estás empezando a sentir algo por el galán y estás confundida. Automáticamente, el galán entrará en la competencia para conquistarte, a pesar que no recuerda haberse sentido atraído por ti antes, pero de todos modos lo hace porque perder ante su amigo feo sería terriblemente humillante.

3. Dile que te encanta el carnaval, en especial la casa de espejos —¿crees que le gustaría ir?

4. Métalo en tu auto y estréllate contra una pared a toda velocidad. Sé que es una medida un tanto extrema, pero funcionó con Tom Cruise en *Vanilla Sky*.

CAPÍTULO 42

Así que quieres mantener una conversación
civilizada con un latino...

A los latinos nos encanta charlar, y no sólo sobre estadísticas deportivas durante un descanso en la oficina: somos muy abiertos y direc-
tos, hasta cuando se trata de temas íntimos. Improvisaremos escenas
comiquísimas de nuestra reciente cirugía de hemorroides, aunque sea
nuestro primer día en el trabajo. No necesitamos un tema importante
para filosofar. Cualquier latino podría hablar durante cuarenta y cinco
minutos sobre su familia, pueblo e historial laboral. Cuando estás en la
sala de espera del médico, no hay nada mejor que conocer a un latino.
Más gracioso que un libro, más vivo que HDTV y más informativo
que WebMD —por lo menos en cuanto al historial médico de todos
nuestros parientes.

Raramente encuentras al latino tímido, ese que sonríe en vez de
soltar grandes carcajadas, el que te escucha antes de seguir diciendo
tonterías y el que no te somete a cada detalle de su árbol genealógico
y las circunstancias bajo las cuales entró a los Estados Unidos. Los
latinos saben cómo hacer para que los oigan, sea que alguien esté escu-
chando o no.

Cuando conoces a un latino cara a cara por primera vez, el reto más
grande es cómo mantener un diálogo. La clave en éstas conversaciones
es reconocer algún elemento en común con el latino. Esto te ayudará a

saber cuándo cambiar de tema, cuándo escuchar, cuándo interrumpir y, antes que nada, cuándo huir por la salida de emergencia.

SI HAY ALGO DIFÍCIL DE HACER, EL LATINO YA LO HA HECHO

Ya sea cazar osos salvajes a mano limpia o conducir un Ferrari en una carrera callejera, el latino lo ha hecho todo. A pesar de haber cruzado la frontera desde México a pie, él se considera un "ciudadano del mundo". Si se trata de volar a la luna, él es el primero en la lista de espera.

SI TIENES UN BUEN CUENTO PARA COMPARTIR, ÉL TIENE UNO MEJOR

Si has plantado un árbol, él ha salvado a el Amazonas. Si un tiburón te atacó, él llegó de Cuba en el estómago de una ballena. Si acabas de perder a un pariente cercano, su país entero fue asesinado la semana pasada. Un profesor de filosofía desarrolló una teoría que dice que este comportamiento es un mecanismo de defensa de los latinos. Después de tantos años de discriminación, lo usamos para mantener en alto nuestro ego. Yo no le creo, dado que el apellido del profesor era González, tardó dos horas y media en explicar su teoría y dijo que todas las ideas de *Star Wars* eran suyas. Aquí tienen un consejo: No traten de competir, simplemente digan "¡Ah! ¡Nunca había oído algo así en toda mi vida!" Probablemente estés diciendo la verdad.

EN SU PAÍS ERA RICO Y PODEROSO

Todos dicen que antes estábamos en mejor posición, pero entonces ¿por qué nos fuimos? Seamos honestos, si eras el dueño de una compañía exitosa, con una casa en el campo, una mansión en la playa, autos caros y una vida lujosa, ¿qué te atraería a los Estados Unidos y a un trabajo repartiendo pizzas... pizzas gratis? No importa cuán tontas sean las declaraciones porque nadie puede *probar* que no eras dueño de algo. Si todo cubano exiliado viviendo en Miami tenía la tierra que dice haber tenido en su país, Cuba sería el octavo continente del mundo.

Cada vez que contamos una historia, le agregamos detalles, dándole más metros cuadrados a las propiedades, más ceros a las cuentas bancarias y más mujeres a nuestra legión de conquistas. Si hace dos años sonaba como si fuera un empresario de computación, hoy día es "el Bill Gates de Sudamérica". ¿La verdad? Seguramente vendía calculadoras puerta a puerta.

NUESTROS HIJOS SON LOS MEJORES DEL MUNDO

Para empezar, tardamos veinte minutos en mencionar a nuestros descendientes —ten en cuenta que cada uno tiene entre tres y siete nombres— y otra hora en detallar sus talentos naturales y bendiciones. Yo tengo una hija, y cuando hace algún desastre, no puedo ni decirle a mi esposa. Igual terminaría siendo mi culpa porque hemos desarrollado una habilidad en donde transformamos los defectos de nuestros hijos en virtudes. Si nuestro hijo está en la cárcel, él simplemente "se está tomando un tiempo para pensar en su futuro". Si nuestra hija acepta dinero a cambio de intimidad, tiene "una buena cabeza para los negocios". Si nuestro adolescente dibuja una estatua pública con pintura en aerosol es "un artista político". Si nuestra hija de cinco años le baja los pantalones a un niño en la escuela, seguramente "va a estudiar medicina".

EL LATINO NO PUEDE ESCUCHAR

Si es verdad que los latinos no escuchamos, ¿cómo van a hacer los gringos para tener una conversación con nosotros? La respuesta es: no somos sordos, pero tenemos lo que a mí me gustar llamar oídos selectivos. Si, por ejemplo, dices: "El tiempo está tan lindo que estoy planeando un viaje de pesca con mi familia la semana próxima para pasar un tiempo juntos. Me gustaría olvidarme del negocio por un rato". Primero, el latino terminará lo que venía diciendo antes, lo cual tomará unos veinte minutos. Luego, volverá a las palabras importantes de lo que acabaste de decir: pesca, familia y negocio.

Pesca: Te contará de la vez que pescó el pez más grande del Atlántico.

Familia: Te contará sobre la pasión de su hijo por las joyas de oro.

Negocio: Te pedirá que le prestes dinero para un negocio que no puede fallar.

No te sientas desilusionado por su respuesta, podría ser mucho peor. Imagina una conversación entre dos latinos —no es un diálogo, sino dos monólogos al estilo duelo de guitarras. Al final, déjame decirte que la clave para la comunicación es la paciencia —*tu* paciencia, claro, no la de él. Déjalo hablar y trata de estar de acuerdo, asintiendo con la cabeza de vez en cuando... y no te preocupes por parecer poco sincero, de todas maneras él no está prestando tanta atención. Gracias a Dios que hoy día tenemos correos electrónicos, el cementerio de la conversación cara a cara. Aunque un latino también dirá que eso lo inventó él —en su país, hace veinte años.

CAPÍTULO 43

ASÍ QUE ERES UN ACTOR GRINGO COMPITIENDO
CON UN LATINO POR UN PAPEL...

Entiendo que este tema es demasiado específico para el público de este libro, pero sígueme la corriente con esta, ya que es un asunto importante para mí. Como he dicho en varias oportunidades, es difícil conseguir un trabajo como actor siendo latino en este país. No obstante, las cosas están cambiando y pronto la historia será escrita nuevamente... en español. Habrá un momento, más pronto de lo que se cree, cuando los actores gringos tendrán que luchar para conseguir un trabajo, por culpa nuestra.

Antes de comenzar, tengo que pedirles perdón a mis colegas latinos porque estoy por revelar algunos detalles y características clave sobre nuestros talentos y herramientas. Me deben perdonar. Si vendo suficientes libros, puedo dejar de audicionar, por lo menos por un rato. Eso significaría menos competencia para ustedes.

Ahora me dirijo a ti, actor gringo en la lucha. Lo primero que debes hacer al entrar a la sala de espera de una audición es sondear la competencia. Por ejemplo: "Soy más alto que éste, más lindo que ése y no me veo tan nervioso como aquel comiéndose las uñas al lado de la ventana". Todos hacemos eso. Luego debes identificar al enemigo —el actor latino. No te preocupes, es fácil. Es el único que está ensayando sus líneas a todo volumen y con un acento extraño. Tu primera impresión sería: "No lo van a elegir". Pero ten cuidado pues cabe la posibilidad de que el director esté en busca de alguien para un personaje más intenso. Por eso está aquí. Por eso es que tú debes volverte aún más intenso que él, y sólo te quedan unos pocos minutos para lograrlo.

Opción #1: Imítalo. Repite lo que dice y trata de usar el mismo acento. El guión puede decir "*jealousy*", pero tú debes decir "yealousy".

Opción #2: Dile: "¿No nos conocimos la otra noche en la fiesta de Tom Cruise?". El actor latino te dirá que sí, aunque trabaje quitándose la ropa en un bar de mujeres. Luego, susúrrale: "Ese tipo conoce a tu hermana...". Todo latino tiene una hermana. "...y me dijo que es una diosa en la cama". Entre la pelea y la llegada de la policía al estudio, ya habrás eliminado casi toda la competencia. El papel es tuyo.

Opción #3: Dile que una pandilla latina asaltó a la directora de casting la semana pasada. Ahora cuando ve a un latino, quiere llamar a la policía de inmediato, pero a menos que tengas órdenes judiciales —por multas sin pagar o pensiones alimenticias atrasadas— no hay nada de que preocuparse.

Opción #4: Prepara tu mejor papel. Esta es riesgosa, pero el resultado es buenísimo. Tienes que hacerte pasar por el director de casting y repartir información falsa a través del cuarto. Te identificarás y te acercarás a cada actor, y uno por uno —ya que decirle al verdadero director lo que estás haciendo sería una mala idea— les dirás que te gusta más que el anterior, y les darás una hora diferente a cada uno para que vuelvan al día siguiente. Al actor latino le tienes que dar una fecha para una semana más tarde, así se puede preparar para la segunda audición. Los latinos están acostumbrados a que las segundas audiciones sean suspendidas. Es la manera en que nos mantienen esperando en la fila para siempre.

CAPÍTULO 44

Estamos por terminar la parte del libro sobre el idioma y los medios. Espero que hayas aprendido cuán importante es aprender a comunicarse adecuadamente con y dentro del mundo latino. Por eso, debo poner a prueba tu latinidad, una tercera vez.

1. Llegas a casa temprano y encuentras a tu mucama atada a una silla en el medio de la sala de estar. ¿Qué harías?
    a. La desataría y llamaría a la policía. Nos deben haber robado.
    b. La desataría y buscaría a su novio Pedro.
    c. La desataría en las propagandas —están pasando mi novela favorita.

2. Es viernes por la noche, la disco está repleta. Estás bailando más que nunca. De repente, cambia la música y ponen una salsa. ¿Qué haces?
    a. Te buscas una cerveza. No tienes idea de cómo bailar esto.
    b. Comienzas a menear las caderas como un epi-

195

léptico. Así es como crees que se debe bailar una salsa.

c. Empiezas a agarrar y besar a cuanta mujer esté a tu alcance. Por lo menos eso es lo que están haciendo los latinos a tu alrededor.

3. Un hombre se encuentra tirado en la calle, en un charco de sangre. Un grupo de cuatro agresores siguen pegándole y pateándolo, hasta que queda inconsciente. Cuando se detienen para tomar aire el agredido se recupera, encuentra un fierro, se pone de pie y los duerme a los cuatro a golpes. ¿Qué es eso?

   a. Estas son pandillas. Están por todas partes.
   b. Es una propaganda de televisión para crear conciencia sobre la violencia en la calle.
   c. Es la versión latina de *Iron Man 2*.

4. ¿Cómo respondes si alguien te pregunta algo en español?

   a. "Epa amigo, ¡si quieres vivir aquí aprende inglés!"
   b. "Me sorry. I no habla ispaniol".
   c. Le hablas por encima, también en español, pero más duro.

5. Estás viendo una telenovela latina. Una chica joven y hermosa está llorando. ¿Por qué?

   a. Ni sabías que tenías este canal.
   b. No tienes idea. Ahora lloran todos.
   c. Fácil. María encontró a su amado esposo besándose apasionadamente con la mucama, mientras que su madre discapacitada se está muriendo en la habitación de al lado.

Resultados:

0 a 5 puntos: Creerás que eres Pac-Man, pero en realidad eres uno de los puntitos que se come. Si tu compañía de cable ofrece un paquete latino, deberías pedir una suscripción de por vida cuanto antes.

6 a 12 puntos: Los medios siempre hablan de "middle American", el americano promedio. Nunca supe a quién se referían. Ahora sé que eres tú.

13 a 15 puntos: Estoy muy orgulloso de ti y de mí. Incluso creo que algunos países latinoamericanos estarían dispuestos a darte la ciudadanía. Pero, ten en cuenta que tu abrelatas eléctrico no funciona en Costa Rica sin un transformador.

CUARTA PARTE

TRABAJO Y POLÍTICA

CAPÍTULO 45

EL TEMA DE LA INMIGRACIÓN

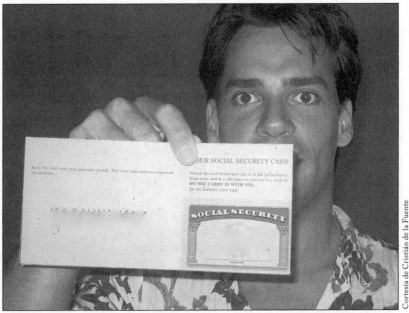

Cortesía de Cristián de la Fuente

Aquí estoy el día en que recibí mi tarjeta de seguro social de los Estados Unidos. No puedes doblarla, no puedes plastificarla, y no puedes llevarla contigo. No lo entiendo, ¿por qué no me enviaron solamente el número y se quedaron con la tarjeta?

No me malinterpretes, no estamos aquí para debatir si las leyes de inmigración son justas o no. Estados Unidos necesita inmigrantes, esa es una verdad innegable. El mito falso es que el gobierno de los Estados

Unidos no quiere que vengan latinos aquí. Simplemente no quiere que vengan *todos*.

Hoy en día debes pasar por montañas de burocracia para obtener una visa. Las leyes migratorias cada vez se ponen más difíciles en un intento por desalentar a esa gente a la que le va tan mal en su país que decide emigrar porque no tiene nada que perder. ¿Pero qué pasa con los inmigrantes que podrían hacer una verdadera diferencia en el crecimiento del país? Se cansan. Les va más o menos bien en sus propios países, así que luego de años de miles de vueltas no concluyentes, abandonan su sueño americano. El gobierno de los Estados Unidos tiene que trabajar en hacerle mejor publicidad a los beneficios que brinda el país para atraer a una "migración calificada".

Yo estoy dispuesto a brindar mi apoyo para conseguir mejor inmigración latina en el siglo veintiuno. Me he inventado algunas frases publicitarias con la intención de llamar la atención de los latinos VIP para que vengan a los Estados Unidos. Llegarán en limosinas y los recibirán con una alfombra roja. Y las frases nominadas son:

- "Estados Unidos: El mismo estilo de vida, menos la flagrante injusticia social".
  Es complicado vivir una vida lujosa en un país pobre porque todos parecen creer que el hecho de que no haya agua potable para beber es tu culpa. En los Estados Unidos, los pobres simplemente toman su agua limpia y se quedan callados.
- "¡Ven a compartir con Salma Hayek y J. Lo!".
  En las comunidades de Latinoamérica, todos se conocen. No se imaginan que no sea así en los Estados Unidos.
- "¿Puedes leer y escribir? ¡Aplica para una visa!".
  ¿Quiénes son los únicos que se pueden ofender con este? Los analfabetos. ¿Pero cómo van a saber lo que dice el letrero? *¡Exactamente!*

CAPÍTULO 46

Gran verdad: Cuando se trata de líderes políticos, los latinos tienden a tener memoria a corto plazo.

Si no quieres repetir tus errores, debes recordarlos. Con ese fin, he recopilado un número de citas notables de famosos líderes latinoamericanos. Lo que sigue son *citas*, por lo tanto, lamentablemente, los líderes *dijeron* estas cosas.

- "Voy a construir una base de lanzamiento para naves espaciales en Venezuela".
  Hugo Chávez, presidente de Venezuela
- "Sí, hice muchas bromas de chico, y las ando haciendo también de presidente".
  Vicente Fox, presidente de México
- "Si quieren venir aquí, que lo hagan. Yo no le tengo miedo a ese principito".
  Leopoldo F. Galtieri, presidente de Argentina, retando a la flota naval inglesa a que naveguen hacia el sur, lo cual al final terminó transformándose en la Guerra de las Malvinas, que perdió Argentina.

- "La historia me absolverá".
  Fidel Castro, presidente de Cuba
- "Donde hay hambre no hay esperanza".
  Luis Ignacio Lula da Silva, presidente de Brasil desde 2003. La población por debajo del índice de pobreza en Brasil en 2005 era del 31% (basado en "The World Factor" del CIA)
- "Creo que mis habilidades para conducir el país se deben evaluar con una mirada atenta a todo mi tiempo sirviendo como presidente".
  Alberto Fujimori, presidente de Perú entre 1990 y 2000, quien renunció la presidencia por fax mientras se exilió por su cuenta en Japón.
- "Perdón, tengo el discurso equivocado".
  Carlos Menem, presidente de Argentina entre 1989 y 1999, después de dirigirse al público por diez minutos leyendo de un papel.
- "No soy un dictador. Es sólo que tengo una cara gruñona".
  Augusto Pinochet, el militar que depuso a Salvador Allende, el presidente elegido democráticamente, para ocupar de facto la presidencia de Chile desde 1973 hasta el retorno de la democracia en 1990.

Asumo que después de leer estas citas, elegidas entre miles, entenderás un poco mejor por qué millones de latinos deciden probar suerte en los Estados Unidos.

CAPÍTULO 47

Los latinos y el trabajo

Los latinos están aquí en busca del sueño americano, y cuando hablamos de encontrar el éxito en nuestras vidas, *trabajo duro* es la frase clave. Algunos dicen que los latinos son haraganes, otros dicen exactamente lo opuesto —que trabajamos mucho más duro que los gringos. ¿Qué es verdad y qué es mito? La verdad, quizás, sea que en nuestros países el ambiente de trabajo en general lleva a la pereza. Pero en los Estados Unidos, muchos inmigrantes están determinados a "hacerla" y para eso trabajarán horas increíblemente largas y duras. Analicemos los mitos principales, uno por uno.

Mito #1: En Latinoamérica, los trabajadores hacen lo mínimo necesario.

Esto, en parte, puede ser verdad. Eso no quiere decir que seamos vagos pero es mejor etiquetarnos como "desilusionados" antes que "relajados". Cuando los empleadores dejan a un lado los mejores puestos para sus familias y amigos cercanos, cuando el pago es una burla, los beneficios un chiste y las posibilidades de mantener a tu familia fuera de la pobreza son escasas —si te queda la fuerza para levantarte y trabajar durísimo dadas las circunstancias... puede que tengas complejo de mártir.

Mito #2: Los latinos siempre llegan tarde al trabajo.

La personalidad alegre del latino, con su permanente deseo de compartir su buena onda —y con eso me refiero a emborrachar a sus amigos— puede ser fatal para la puntualidad. Todo depende de tu punto de vista. ¿Será que los latinos se quedan hasta tarde de fiesta en fiesta, o será que los negocios abren demasiado temprano en la mañana? En Latinoamérica, hasta las oficinas más modernas aún tienen el reloj para la tarjeta perforada en donde debes *fichar* para dejar registro de las horas de entrada y salida. Hay miles de maneras de esquivar una llegada tarde, desde pedirle a un amigo que te perfore la tarjeta hasta comprar tu propia máquina para perforarla sin salir de casa. Quién sabe lo que podríamos lograr si no pasáramos todo nuestro tiempo tratando de hacer trampa con las tarjetas perforadas.

Mito #3: Los latinos toman más descansos durante el trabajo que los demás.

Esto es verdad. La razón es que en Latinoamérica no hay muchas posibilidades de tomar un descanso. Muchos países latinoamericanos todavía permiten que se fume dentro de los edificios, así que ahí se van los seis descansos de diez minutos que los fumadores gringos se toman en un día. Un trabajador gringo puede levantarse a tomar café cuatro veces en un día, pero es más fácil cuando es gratis. En los países latinoamericanos, te toca salir a comprarlo y no te alcanzaría para tanto café. Los latinos tienen que ser creativos para tomarse un descanso: dices que tienes dolor de estómago, te encierras en un baño y dices que se trabó la puerta o trancas por completo la fotocopiadora. Si le agregas esta ingenuidad a la ya relajada cultura de trabajo en los Estados Unidos, las cosas se pueden ir de las manos. Pero te pregunto, ¿qué es un descanso? Cuando todos reciben un cheque cada dos semanas más allá del rendimiento, pasan por alto el esfuerzo individual y no te pagan las horas extras ¿quién *no* se va a tomar un descanso?

Mito #4: Los latinos no ahorran dinero para su retiro.

Esto es verdad, pero no es porque nos gastamos todo el dinero ganado con el sudor de la frente en camionetas enormes y viajes a Disneylandia. Muchos latinos no ahorramos dinero para mañana porque no nos alcanza para vivir *hoy*. En Latinoamérica, nos quedamos en el trabajo —noten que no dije que "trabajamos"— ocho horas al día, seis días a la semana, cincuenta semanas al año, por treinta y cinco años seguidos (si tienes la suerte de que no te despidan o reduzcan el personal). Cuando el empleado llega a su "edad dorada", su cheque de jubilación no es suficiente como para poner comida en la mesa, lo cual es el mismo problema que tenía cuando estaba trabajando. ¿Estás empezando a entender por qué este latino está feliz de ser mesero en los Estados Unidos?

Mito #5: Los latinos faltan mucho al trabajo por enfermedad.

Eso es verdad. Y no me avergüenza. Sé que es una excusa, pero ¿cómo crees que una persona puede mantenerse saludable ganando el sueldo mínimo? Podemos decir: "Disculpe, jefe, me pesqué un resfrío terrible y estoy ahorrando para una botella de Dimetapp, pero hasta entonces, le molestaría si me voy un poco temprano hoy?".

Mito #6: Los latinos no quieren que nadie haga su trabajo por ellos mientras están de vacaciones.

¡Claro que no! "Ah, Luís se fue a México de vacaciones, pero John lo está reemplazando. ¡Está haciendo un trabajo increíble! Logra el doble de resultados en la mitad del tiempo". ¿Alguna vez escuchaste eso? Pasa.

Mientras que en muchos países desarrollados un empleado trata de terminar todo su trabajo pendiente antes de irse de vacaciones para ayudar al que lo vaya a sustituir en esos días, el empleado latino hace exactamente lo opuesto. Quince días antes de partir, empieza a apilar formularios en blanco debajo de su escritorio; una semana antes, borra unos archivos clave de su computadora; tres días antes, sella "urgente" en todas las carpetas que encuentra; y pasa el último día en la oficina tratando de encontrar el mejor lugar para esconder las llaves de su escritorio, especialmente las de los cajones que contienen toda la información útil.

Un trabajador latino hará lo que sea para que ninguna otra persona le quite el trabajo. Perder esa posición horrible con el salario mínimo, el abuso diario y el futuro gris... ¡Eso jamás!

CAPÍTULO 48

Verdad #1: Después de las elecciones presidenciales de 2008, la escena política ha cambiado para siempre.

Somos testigos de una nueva era. Si sólo pudiera viajar atrás en el tiempo, como Marty McFly, me iría a finales del siglo diecinueve. Encontraría a un esclavo negro apenas liberado y le diría: "No te preocupes, en poco más de cien años, este país elegirá democráticamente a un presidente negro". Seguramente me respondería: "¡Vuélvete a tu casa, demonio alocado! ¡Y llévate tu maquina de escribir rosada contigo!". Hubiera sido así de inimaginable. La verdad es que era así de inimaginable hace diez años, pero las cosas cambian muy velozmente hoy en día.

Verdad #2: Los hispanos fueron uno de los grupos más buscados en las elecciones de 2008.

Eso en parte es porque formamos el 9 por ciento del electorado elegible. De acuerdo a una encuesta nacional conducida por el Pew Hispanic Center, cinco meses antes de la elección, los hispanos que estaban registrados para votar apoyaban a Obama sobre McCain con un 66 por ciento contra 23 por ciento. Así que creo que es justo decir que la comunidad latina ayudó bastante a que Barack Obama lograra su victoria.

En 2008, cuando los activistas latinos tomaron las calles protestando en contra de las políticas restringidas del gobierno en cuando a la inmigración, llevaban carteles que decían: "¡Hoy marchamos, mañana votamos!". Yo le hubiera agregado: "...y pronto gobernaremos!". ¿La presidencia de Obama le abrirá el paso a un presidente latino inmigrante? ¿Qué? ¿Tienes miedo? Bueno, no te equivocas.

Desde que Arnold Schwarzenegger fue elegido como gobernador de California en 2003, el asunto de cambiar la constitución para permitir que ciudadanos americanos que no hayan nacido aquí puedan ser candidatos a la Casa Blanca ha sido un tema serio dentro de los medios. Te ruego —no como autor ni como votante, sino como un ciudadano no nativo—, ¡no lo permitas! Si algún inmigrante cree que tiene un don tan grande como político que puede arreglar un país, mándenlo a que arregle *su propio* país.

VAMOS A LA CASA BLANCA

Digamos que algún día Arnold se sale con la suya y logra que cambien la constitución a su favor. Se postularía como candidato a la presidencia, y perdería, por supuesto, porque ninguna de sus películas tenía un mono (eso va para ti, Reagan). En la rueda de prensa después de la elección, diría su frase más popular: *I'll be back* (Volveré). Sería una promesa vacía, porque no se postularía nunca más. Sin embargo —y esto es un problema— dejaría el camino abierto para que otros ciudadanos no nativos logren llegar a la Casa Blanca, y esta vez para algo más que limpiar el piso.

Basta con que se diga que algo es un sueño imposible para que un latino lo intente. Apenas dicen que una chica es soltera, un latino le acaricia la nalga. Estoy 100 por ciento seguro de que el siguiente candidato a presidente no nativo de los Estados Unidos después de Arnie sería un latino. Si pensaste que cincuenta millones de inmigrantes en tu país sonaba mal, ¿qué tal uno sólo... con su dedo sobre el botón?

CAMPAÑA PRESIDENCIAL

Antonio "Tony" Martínez es el candidato soñado para un latino: alcalde del condado de Miami-Dade a los treinta y un años, senador a los treinta y cinco, gobernador de Florida a los cuarenta, candidato a la presidencia hoy. Buena imagen, atractivo, credibilidad, resultados, comportamiento impecable, familia ejemplar. Totalmente americano, pero no es nativo.

La campaña comienza con largos meses de gira por el país, dando discursos, volando en aviones privados, compartiendo su tiempo y compartiendo Bloody Marys con su equipo integrado únicamente por mujeres: agente de prensa, publicista, estilista, escritora de discursos y otras doce mujeres preciosas que forman su comité de campaña. A veces, en el avión, hasta tienen que dormir todos juntos. Creo que es por eso que los candidatos siempre se ven cansados... por todo ese "trabajo duro".

La donación de fondos para la campaña va bien. Los amigos latinos de toda la vida de Tony Martínez —ahora empresarios ricos y poderosos— lo están ayudando. Después de todo, la mayoría fue parte del mismo "club"... de la calle... hace veinticinco años.

Tony besa a un bebé ni bien se baja del avión y saluda a un veterano de guerra —si está en una silla de ruedas, mejor— antes de subirse a la limosina. Cuando llega al lugar del acto, le da la mano a una mujer pobre que huele como si hubiera venido directo de su trabajo en una planta que empaca pescado. Lo más importante es evitar un par de errores comunes:

A. No confundir los nombres de los pueblos que estás visitando.

B. No confundir a la esposa del alcalde con una aficionada local.

DEBATES TELEVISADOS

En cuanto empieza el debate, Tony se saca la corbata. Apunta con el dedo a su adversario y lo insulta. Una hora más tarde, se quita la chaqueta. Algunos expertos se preguntan por qué está tan acalorado, pero todos los latinos que están viendo entienden lo que está pasando —se viene una pelea a puñetazos.

Durante los comerciales, uno de los asesores de Tony le susurra que debería aparentar desmayarse ni bien vuelvan a estar al aire. Le echarán la culpa al estrés de la campaña, y evitarán que el debate se transforme en una pelea de boxeo. Por un lado, a la gente le encanta una buena pelea; por otro, a la gente también le gusta ir al circo, pero eso no quiere decir que vayan a votar por el payaso.

EL DÍA DE LAS ELECCIONES

Finalmente ha llegado el día. Todos votan, incluyendo los habitantes de Latinoamérica. ¿Sorprendido? Yo no —si un inmigrante puede ser candidato a presidente, ¿por qué no van a poder votarlo sus compatriotas? Si observamos el punto de vista macroeconómico, el presidente de los Estados Unidos toma decisiones que tienen efectos de gran alcance por toda Latinoamérica. No sería justo negarles una voz en su propio destino.

Cuando llega la hora, los votos son tabulados, recontados y analizados... y contados una vez más. Y otra vez más para asegurarse de que no hay error. Tony Martínez se convierte en el primer inmigrante latino elegido presidente de los Estados Unidos. Pero *hubo* un error. De verdad, hubo un error: una mala enmienda constitucional hecha hace cincuenta años, para que el Terminator pudiera ser candidato a presidente. Ahora ya es demasiado tarde para volver a arreglarlo, hasta para un T-1000.

VIVA EL PRESIDENTE

Tanto por hacer. Para empezar, luego de meses de celebraciones sin fin, comenzamos con unos días de vacaciones y una breve visita a una clínica especializada para tratar el "agotamiento y deshidratación" del nuevo presidente. El "nuevo" Martínez tiene la intención de estar al tanto de las cosas, en especial ciertas que le parece requieren de atención urgente:

- **Redecorar la Casa Blanca:** ¿Dónde están los colores llamativos y estampados emocionantes: los rojos, azules, amarillos, verdes, cebras, leopardos y florales? ¡Pintemos los muebles de plateado y agreguémosle sabor a la casa! Debería haber una estatua de bronce del Che Guevara y un gran crucifijo de oro en el salón oval. ¿Qué tal una pintura en terciopelo de una mujer *sexy* acariciando a un jaguar? ¿Será que el presidente tiene que pensar en todo?

- **Mejorar el Air Force One:** ¿Así que me estás diciendo que mandamos una nave a Marte, pero no sabemos como instalar un jacuzzi en un avión? ¿Necesitas a alguien de la NASA para que te enseñe a conectar un Xbox?

- **Leer todos los archivos secretos:** Esta es la verdadera razón por la que el presidente se postuló para la candidatura —para descubrir la verdad sobre el asesinato de Kennedy, el "aterrizaje en la luna" y el incidente del OVNI en Roswell. Luego de enterarse de lo que quería, el presidente tendrá más arrogancia, una mirada de costado y una sonrisa endiablada.

- **Punto de acción:** Cerrar todas las fronteras para cualquier tipo de inmigración. Ya hay suficientes inmigrantes en este país. Algunos lo podrán llamar "hipocresía" o "traición contra su propia gente", pero el presidente tiene sus razones: un trabajador latino hará lo que sea para asegurarse que otro no le pueda robar el trabajo.

LAS DIEZ FRASES QUE NUNCA QUISIERAS ESCUCHAR DE UN PRESIDENTE (Y QUE PROBABLEMENTE ESCUCHARÍAS SI EL PRESIDENTE FUERA LATINO):

10. ¿Estamos en guerra? ¿Contra quién?

9. ¿Quién quiere una margarita?

8. ¿Dónde queda Iowa?

7. Tengo una idea para la economía: ¡vamos a vender tortillas!

6. ¿Cuánta gente necesito para el gabinete? ¡Tengo un montón de primos!

5. El secretario de Estado es un comemierda.

4. Puedo aguantar mi respiración por más tiempo que cualquier otro presidente.

3. Qué tal si te doy un millón de dólares y nos olvidamos de lo que acabas de ver.

2. ¿Para qué es este botón rojo?

1. ¿Qué quiere decir "lanzamiento activado"?

CAPÍTULO 49

La economía de los Estados Unidos en manos de un latino

Todavía no ha pasado... pero habiendo llegado a este punto en el libro, te deberías imaginar lo que podría pasar si la economía de este país estuviera controlada por latinos. Es bastante obvio: pronto se parecería a la economía de Latinoamérica. Lo que es menos obvio: ¿A quién le pediríamos dinero prestado?

Verdad #1: Un economista analiza datos, investigaciones y proyecciones del mercado, y toma decisiones lógicas.

A los latinos nos gusta dejar que nuestro corazón decida ciertas cosas y agregarle algo de "sazón" a todo lo que hacemos. Aplicado a lo económico, es como empujar a un borracho dentro de un tanque lleno de tiburones y decirle que vuelva con sushi.

LOS CINCO ERRORES MÁS COMUNES DE UN ECONOMISTA LATINO:

5. ¿Están subiendo los precios? Aumento de salario para todos.

4. ¿Nos quedamos sin dinero? Imprimamos más.

3. Ya sé como doblar el tesoro público: ¡Vegas!

2. Vegas no funcionó... todos busquen un segundo empleo.

1. No paguemos estos préstamos, ¿qué van a hacer, embargar a todo el país?

Gran mito: Si un latino liderara la economía de los Estados Unidos, nos iríamos a la quiebra.

¿Es verdad? Imaginemos un posible escenario. Primer día, 9 a.m.: nada porque no llega a la oficina hasta las 10:15 a.m. Cuando llega, se sienta en su escritorio para revisar algunas estadísticas, por primera vez. Afuera de la oficina, sus empleados lo escuchan gritar a viva voz: "¡¿El índice de desempleo nacional está al 6 por ciento?!". Se sienten aliviados porque suena como que él va a arreglar el país. Lo que no sospechan es que está gritando de felicidad. Para un economista latinoamericano, cualquier número por debajo del 25 por ciento de desocupación es una buena noticia: "Esto es perfecto, que nadie toque nada, me voy a jugar golf". Así que si de verdad nos fuéramos a la quiebra, no sería porque el economista latino haya hecho algo. Más bien porque no hizo nada.

UN DÍA TIPO EN LA VIDA DE UN ECONOMISTA LATINO EN LOS ESTADOS UNIDOS

10:45 a.m.   Revisa el índice de desempleo y queda contengo: está por debajo del 25 por ciento.

11:10 a.m.   Llega al campo de golf.

12:00 p.m.   Almuerza con inversionistas de Wall Street. Piden subsidios para las grandes empresas y una rebaja de impuestos, sin saber que se perdió todo el tesoro en una apuesta del juego entre los Dolphins y los Patriots. Por alguna razón creen que ese dinero es para que *ellos* lo pierdan.

2:20 p.m.   Vuelve a la oficina y ve un informe altamente confidencial sobre su escritorio. Tiene doscientas páginas.

2:30 p.m.   El economista y un par de amigos hacen avioncitos de papel con el informe y disfrutan de un par de tequilas.

3:10 p.m.   Reunión con el presidente. Quiere respuestas.

3:20 p.m.   La respuesta es: "No tengo idea".

3:30 p.m.   El presidente exige un plan antes de finalizar el día.

3:31 p.m.   El economista tiene un plan: ir al cine con dos amigas y el presidente.

3:32 p.m.   El presidente le advierte al economista que tenga cuidado. Ambos están de acuerdo que es mejor que las chicas vayan al salón oval en vez de salir.

3:35 p.m.   Rueda de prensa a la par con el presidente. El tema: El futuro de la economía de los Estados Unidos.

3:40 p.m.   El presidente presenta al economista latino como el hombre a cargo, quien explicará los pasos a seguir.

7:45 p.m.   El economista latino termina su discurso de cuatro horas sin ofrecer ni una sola idea o solución tangible, pero todos han aprendido sobre su pueblo, sus antepasados, los talentos únicos de sus hijos, las rivalidades en su iglesia, las condiciones médicas de sus abuelos y su récord invicto en la competencia a ver quién se come más perros calientes en la feria rural.

8:30 p.m.   Pasa por la Casa Blanca con las dos muchachas. El presidente lo ha pensado bien, y decide dejarlo para otro momento.

8:45 p.m.   El economista cena con ambas muchachas él solo. Les explica los principios básicos de la economía: lo que ellas demanden, él ofrecerá.

Verdad #2: Los inmigrantes seguimos pensando como si todavía viviéramos en nuestros países.

Si un latino asumiera la responsabilidad de encabezar la economía de los Estados Unidos, lo primero que necesitaría es un tiempo para ponerse cómodo: digamos seis meses. No te preocupes, la economía de seguro estaría más sana sin alguien que la dirigiera... hacia el piso. Sin embargo, ese no es el problema. Tarde o temprano llegará la crisis y ese hombre se verá obligado a tomar decisiones, para demostrarle al resto del país por qué le dieron el trabajo. Una mente latina relajada dirigiría una economía capitalista o industrializada con otro sabor.

- Con los pies en la tierra
  Antes de tomar cualquier decisión, él querría saber dónde está parado—visitaría el departamento de tesorería de los Estados Unidos y pediría contar el dinero, esperando fangotes de billetes doblados por la mitad con una goma que los sostiene.
- Nueva moneda
  Cambiaría el nombre del dólar por el "peso gringo" y lo devaluaría un 245.000 por ciento porque no se podría acostumbrar a la idea de que un auto nuevo le cueste 49 millones de pesos.
- Impuestos en cuotas sin plazo
  Desde ahora, la fecha límite del 15 de abril para los impuestos sería más como una guía. Págalo cuando puedas, nosotros entendemos. Simplemente trata de pagar algo todos los meses. Con diez o veinte dólares será suficiente.
- ¿Cuánto deberías pagar de impuestos?
  A ver, ¿cuánto tienes? Si son doce cabras, paga tres. Pero si una de tus cabras está enferma, sólo paga dos... ¡y no trates de darnos la enferma!
- Los cheques para discapacitados
  No es justo darle cheques mensuales a ciertas personas discapacitadas, pero no a otras. Condiciones nuevas a incluir serán: resaca, heridas por peleas en la calle, "esposa loca" y empacho.

- Mejores indemnizaciones

  Cada empleado que es despedido recibirá una suma igual a dos años de salario. Si el empleado le robó a la compañía o acosó sexualmente a la esposa del presidente ejecutivo, recibirá el doble por mantenerse macho en una sociedad tan afeminada.

- La canción del cisne

  Al fin, después de todos esos errores, malas decisiones y una crisis económica profunda, el economista latino renunciaría explicando: "El mundo está cambiando. Nuestra política no es la culpable de la crisis, lo es el mercado financiero global, el cual hizo que nuestra economía cayera en picada". Como si China hubiera sido quien sugirió cheques para discapacitados que sufren mal de ojo y el "peso gringo".

CAPÍTULO 50

Los Estados Unidos tenían unas posiciones vacantes y esas posiciones tenían los peores salarios del país. Aunque los latinos aceptamos ciertos trabajos que ningún gringo está dispuesto a hacer, igual estamos contentos. Queremos más, por supuesto. Nos quejamos, pero no tenemos planes de volver a casa. Vinimos aquí por razones económicas, pero por accidente nos transformamos —por nuestra cantidad— en una fuerza política, lo cual es como comenzó este país de un principio: "no a los impuestos sin representación".

- *Situación A.* Te reúnes con tu jefe para pedirle un aumento de sueldo y te lo niega de entrada.
  - **Reacción gringa:** Entiendes sus razones clave.
  - **Reacción latina:** Él entiende su auto rayado.
  - **Reacción gringa:** Te tomas medio día personal para calmarte.
  - **Reacción latina:** Te tomas $53 de la caja para calmarte.
  - **Reacción gringa:** Decides acelerar tu trabajo para ganarte al jefe.
  - **Reacción latina:** Decides acelerar tu auto y atropellar a tu jefe.

- *Situación B.* Por primera vez está registrado para votar. Ahora tienes que elegir el candidato por el que votarás. ¿Cómo lo eliges?
  - **Votante gringo:** Todo lo que necesitas saber lo podrás encontrar en la página web del candidato.
  - **Votante latino:** Todo lo que necesitas saber lo podrás ver "en sus ojos".
  - **Votante gringo:** Lees las propuestas de ambos candidatos sobre la economía, su política internacional, los impuestos y la salud.
  - **Votante latino:** Lees tu horóscopo.
  - **Votante gringo:** Al final del día necesitamos a un buen líder, sin importar su afiliación política.
  - **Votante latino:** Al final de las elecciones sigues sin saber quiénes eran los candidatos.
- *Situación C.* Un día descubres que hay un rumor entre tus colegas de que tú eres homosexual, y no es verdad. ¿Cómo aclaras tu posición?
  - **Trabajador gringo:** Le empiezas a hablar a cada uno de ellos por separado sobre tus preferencias sexuales.
  - **Trabajador latino:** Entras a la cafetería, agarrándote la entrepierna y gritando: "¡¿Dónde están las perras?!".
  - **Trabajador gringo:** Le pides a tu mejor amigo que te arregle una cita con la mujer más sexy de la oficina.
  - **Trabajador latino:** Vas a buscar a la mujer más sexy de la oficina y la haces tuya sobre su escritorio.
  - **Trabajador gringo:** Les dices a todos: "Atención, atención, ¡no soy gay!".
  - **Trabajador latino:** Les dices a todos: Al principio de cada hora —hasta que acaben estos rumores—

revelaré el nombre de una mujer de esta oficina con la que he tenido sexo en la cafetería.

- *Situación D.* Cuando una pareja de latinos inmigró, no tuvo en cuenta que "la tierra de oportunidades" podía significar también otras oportunidades románticas. Resultado final: se van a divorciar. ¿Cómo se diferencia eso del divorcio de un matrimonio gringo?
  - **Divorciado gringo:** Nuestro amor estalló en pedazos.
  - **Divorciado latino:** Nuestros platos estallaron en pedazos.
  - **Divorciado gringo:** De ahora en adelante seremos amigos.
  - **Divorciado latino:** De ahora en adelante me acostaré con sus amigas.
- *Situación E.* En cuanto toma el poder el nuevo presidente electo, el rey de una tierra lejana le dice que necesitan renegociar todos los tratados económicos entre ambos países. ¿Cuál es la reacción del presidente?
  - **Presidente gringo:** Invita al rey a que venga a hablar del asunto.
  - **Presidente latino:** Hace una broma telefónica al rey en donde insulta a su madre y a sus hermanas.
  - **Presidente gringo:** Manda al embajador americano con un regalo de los ciudadanos de los Estados Unidos.
  - **Presidente latino:** Le manda cinco aviones con un regalo de los ciudadanos de los Estados Unidos.
  - **Presidente gringo:** Al apretar un botón, mi personal arreglará reuniones creará propuestas y manejará la situación.
  - **Presidente latino:** Al apretar un botón, desaparecerá el país rival.

CAPÍTULO 51

Está situación es inusual, eso es seguro. Seamos honestos, no es común ver a un jefe latino y mucho menos a un gringo por debajo de él. Aunque sí lo vi una vez. Tuve una reunión con el presidente de Fox Television Studios en Los Ángeles y, como siempre, me preparé para conocer a un jefe gringo. Entré a la oficina, me senté y esperé. Unos minutos más tarde, un joven latino entró al cuarto y me saludó en español: "Cristián, qué gusto conocerte, ¿cómo estás?". Les respondí cortésmente y pensé que sería un asistente, o el recepcionista, o un empleado latino que me reconoció como actor de telenovelas y entró a saludarme. Pero pasó a sentarse en la silla del presidente. ¡Qué huevos! Yo pensé: ¡Si en entra tu jefe ahora, te despide en un segundo! Y siguió hablando, como si la silla le perteneciera... y de hecho, era así. Me dio su tarjeta y me di cuenta de que el presidente de Fox era argentino. Casi me desmayo cuando me presentó al vicepresidente... ¡también era argentino! Al día de hoy sigo esperando la propuesta que me prometieron para un programa así que, como verás, no han perdido sus raíces latinas.

Ahora me quisiera dirigir a cada uno de los empleados gringos en Fox Television Studios. Estás felizmente empleado en una compañía rentable. A través de los años, de a poco, te has ganado el respeto de tus colegas y jefes. Es el principio del año nuevo y la posición de vicepresidente de contabilidad está disponible. Tú sabes que eres el candidato ideal para tal ascenso. Un lunes, llegas a la oficina como todos los días a las 8:00 a.m. en punto, bien vestido y de buen humor. Miras la puerta del vicepresidente y tiene una placa con un nombre, ¡que no es el tuyo! Le dieron el puesto a otro, y nadie tuvo las agallas de darte la mala noticia. El nombre es Jorge López. No lo reconoces, no sabes de quién se trara, pero lo seguro es que no era un empleado de la compañía. Husmeando un poco descubres que es un experto en su campo, recién llegado de la República Dominicana, y será tu nuevo jefe. No puedes renunciar —has pasado toda tu vida profesional ahí, además necesitas el trabajo. Te das cuenta que de ahora en más tus posibilidades de crecer dentro de la compañía dependen de él, así que mejor que te lleves bien con tu jefe latino. ¡Prepárate!

Cuando tienes un jefe latino, notarás algunos cambios en el día a día de la oficina. En vez de escuchar Muzak en el ascensor, ahora se escuchará salsa y bachata en todo el edificio, todo el día, aún cuando tu departamento se dedique a la venta y distribución de las obras maestras de Beethoven. A las mujeres las alentarán —y si no lo hacen, será un requerimiento— a que vistan faldas cortas y camisetas coloridas en vez de sus trajes masculinos del pasado. Todo se reorganiza, lo cual tu describirías como "desordenado", y sabes que todo esto haría dar vueltas en su tumba al pobre Beethoven. Lo peor es que las ventas crecen a pasos agigantados. Los cambios de Jorge López son todo un éxito; mientras tanto, tú dejaste tus clases de español en la secundaria como un idiota. Si no hubieras preferido estudiar japonés pensando en una ventaja futura en el mundo de los negocios, realmente tendrías esa ventaja ahora.

Otro cambio que empiezas a notar es la proliferación de colegas latinos. La oficina está repleta de Garcías, Ramirezes y Perezes. Muchas conversaciones durante los descansos son en español y los dominicanos forman un equipo invencible de béisbol de la compañía bautizado "los Beejovenes". La cafetería tiene aguacate y arroz con pollo; ya no hay más perros calientes y macarrones con queso. Una cosa es clara: Estos cambios llegaron para quedarse y ahora sólo hay dos opciones: adaptarte o perecer.

LOS CINCO MANDAMIENTOS PARA GANARTE A TU JEFE LATINO:

1. *Aprenderás español.* Estúdialo en tu hora de almuerzo sentado en tu escritorio para que todos vean. Si tu jefe pasa caminando, pídele ayuda con alguna traducción, esto le dejara saber tu compromiso con el bilingüismo y también te dará un poquito más de tiempo con tu jefe, cara a cara. Nota: Asegúrate que tu jefe *sepa* español. Puede haber llegado a los tres años y nunca haber aprendido ni una sola palabra.

2. *Harás muchas preguntas:* Los latinos aman conversar, hasta de temas que no conocemos en lo más absoluto. Hazlo sentir importante. Aunque tengas un doctorado en música clásica, pregúntale: "Epa, jefe, ¿qué es una sonata?". Cuando te conteste algo como, "Suena a que viene de "sonarse", como sonarse la nariz, así que debe tener que ver con las trompetas", simplemente sonríe y agradécele su sabiduría.

3. *Pondrás sobre tu escritorio cuantas fotos de tu familia quepan:* Los latinos tenemos lazos fuertes con nuestras familias y en el trabajo, nos gusta demostrar como somos gente de familia. Llevamos en nuestras carteras fotos de cada pariente de sangre, vivo o muerto. Se las mostramos a todos y esperamos ver las fotos de los otros. ¿Quieres que te aumenten el sueldo? Muéstrale a tu jefe que eres como él, y recibirás el ascenso antes de lo que te imaginas. Si eres soltero, compra unas revistas, recorta alguna modelo, unos niños y un perro y enmárcalas.

4. *Deberás reírte a carcajadas.* Es muy bueno hacer que tu jefe se sienta el centro de atención. Si cuenta un chiste, ríete a carcajadas —es así de simple. Si hace un chiste sobre gringos, échate otra carcajada. Eso le demostrará

a tu jefe que sabes reírte de ti mismo. También deberías reír cuando comparte un chiste en español, sólo asegúrate de que lo que está contando sea un chiste y no que en realidad esté hablando de que las acciones de la compañía cayeron en picada.

5. *Invitarás a tu jefe a cenar.* Para los latinos, juntarse alrededor de la mesa es un momento íntimo. Para establecer una relación profesional saludable con tu jefe latino, nada mejor que invitarlo a comer una deliciosa comida casera hecha por tu esposa para honrarlo, conversar de temas no laborales y hacer un esfuerzo para conocerlo mejor. Déjale saber a tu esposa que deberá preparar comida en cantidad porque es muy posible que tu jefe aparezca con su esposa, sus seis hijos, un primo de Michigan y su suegra. También pedirá las sobras, aunque tenga o no una mascota.

LAS CINCO COSAS QUE JAMÁS DEBERÍAS DECIRLE A TU JEFE LATINO:

5. Traté de llamarlo ayer, pero usted siempre se va de la oficina tan temprano.

4. ¿Qué pasó con su ojo, es miembro de una pandilla?

3. No, los viernes casuales no tienen nada que ver con el sexo.

2. ¿No va en contra de la ordenanza de incendios tener a su madre friendo bananas en el salón de conferencias?

1. No digo que usted no sea un jefe increíble, lo es —pero igual no puedo darle el número del celular de mi esposa.

CAPÍTULO 52

Así que te invitaron a cenar a la casa de un colega latino...

No, no es la víspera de Año Nuevo. Es simplemente otra cena entre amigos latinos. Y aunque parezca mentira, no estamos borrachos. Los latinos no necesitamos emborracharnos para divertirnos. Nosotros nacemos divertidos.

Algunas compañías tienen políticas ridículas sobre el "trabajo en equipo" que incluyen un montón de frases inútiles como por ejemplo

227

"En un equipo no hay individuos". Proponen reuniones que parecen interminables, dan vueltas y vueltas, se toma mucho café y todo se torna aburridísimo. Tarde o temprano los ejercicios en equipo revelan una verdad difícil de aceptar: los compañeros de trabajo son totalmente incompatibles entre sí. Como si esto fuera poco, a tu colega latino Jacinto Pérez se le ocurre la brillante idea de tener una reunión fuera de la oficina. Invita a todos a su casa el viernes siguiente con el solo propósito de repasar las ideas conversadas en grupo en la oficina en un ambiente un poco más informal. A tu jefe le encanta la idea. No hay escape —el próximo viernes por la noche se encontrarán en casa de Jacinto.

LA HORA DE LLEGADA

Los latinos siempre llegan tarde, es un hecho. Decimos a las ocho en punto, pero no te queremos ver antes de las 9:45. Ahora, ¿qué pasa cuando el evento es en tu casa? ¿También llegamos tarde? Claro que sí. Si llegas a las 8:15, nadie estará allí. Hay un caso famoso: un hombre llamado Jonathan Waynebrow lo invitaron a cenar a casa de un amigo latino a las 6:00. Jonathan no sólo no esperó hasta la hora estimada de llegada que se sobreentendía serían las 7:45, ¡sino que llegó a las 5:50! No sólo no estaba su amigo, sino que la casa todavía estaba siendo construida (los constructores también eran latinos).

¿QUÉ LLEVAR?

Llegar sin nada es de muy mala educación. Una botella de vino es un regalo clásico, pero esta será una cena de negocios. El alcohol no parece ir con esta reunión —a menos que quieras que Jacinto Pérez se emborrache y apuñale a tu jefe, claro. Un regalito para cada pariente de la familia del anfitrión tampoco es una buena idea. Recuerden, es una familia latina, por lo tanto cuatro primos pueden haber llegado esta mañana y sería raro tener regalos para todos menos ellos. Lo mejor es algo para la casa, algo bien americano. ¿Qué tal una colección enmarcada de monedas de veinticinco centavos, edición limitada, de los cincuenta estados por $12.50? Es valioso sin ser demasiado caro, simple, de buen gusto, no demasiado grande y nadie lo podría llamar pretencioso.

LA IMPORTANCIA DE LA PRIMERA IMPRESIÓN

Luego de esperar cuarenta y cinco minutos en la puerta, el anfitrión llega a casa y te saluda. Dentro de la seguridad del salón de conferencias —lugar donde estás totalmente cómodo— te alcanza con un "buenos días" a distancia, con un movimiento de cabeza. Fuera de la oficina, no estás tan seguro; le das la mano para saludarlo, pero tu anfitrión latino te da un abrazo que te levanta del piso. Como estás en su casa, te has transformado en un amigo y hermano al instante.

Luego debes saludar a la esposa de Jacinto. El noventa y nueve por ciento de las veces, los latinos y las latinas se saludan con un beso en la mejilla. Si no besas a la esposa de Jacinto, te pueden considerar frío y distante. Si besas a la esposa, podrían considerarte un gringo oportunista. Lo mejor que puedes hacer es mantenerte atento a su lenguaje corporal cuando su esposo te la presenta. Si su cuerpo permanece rígido, no quiere un beso; si se acerca y da vuelta la cabeza, está esperando un beso; si se arroja en tus brazos y te besa con lengua, quiere un divorcio.

REGLAS DE ETIQUETA

Todos los invitados han llegado y están listos para cenar juntos. Antes de continuar, repasemos lo que ha ocurrido hasta ahora.

5:45 p.m.   Tú y el resto de los gringos llegan a casa de Jacinto Pérez.

6:30 p.m.   Las puertas se abren y entran. Comienzan las presentaciones.

7:15 p.m.   Terminas de saludar a todos los familiares en la casa.

7:30 p.m.   Empiezan los tragos para relajar a todos.

7:45 p.m.   Alguien vomita en la sala de estar, pero no es un colega —es el hijo de nueve años del anfitrión, que tiene una condición de acidez estomacal.

8:15 p.m.   Llega el anfitrión y saluda a todos.

8:30 p.m.   Todos se sientan a la mesa, listos para comer. El anfitrión pide un minuto para preparase un trago.

9:00 p.m.   Comienza la cena.

Nunca has experimentado tantos sabores, olores, texturas, colores o cantidades de comida en una sola mesa, y esto es solo el aperitivo. Todos están de acuerdo en dejar las conversación de trabajo para después, así pueden disfrutar de la comida. El anfitrión se baja el trago, come con la boca abierta, ríe a carcajadas y habla fuerte —todo a la vez. Si te parecía asqueroso cuando te escupía mientras hablaba en las reuniones de personal, ahora no será sólo saliva, sino también guacamole, salsa picante y migas de pan.

¿Te quejabas en la oficina de sus gestos corporales exagerados? Bueno, ahora es mucho más peligroso, con un cuchillo en una mano y un tenedor en otro, ambos cuales revolea por el aire mientras habla.

Llega el postre y Jacinto pide una ronda de aplausos para su dedicada esposa quien cocinó cada uno de los platos mexicanos servidos esta noche. Todos aclaman a la cocinera —todos menos tú porque has pasado los últimos quince minutos en el baño. ¿Realmente pensaste que comer en Taco Bell dos veces al mes sería suficiente entrenamiento digestivo para ayudarte a sobrevivir a una noche como ésta?

DESPUÉS DE LA CENA

Te has demorado más tiempo en el baño de lo que habías planeado, ya que tratar de "eliminar las señas" fue un gran reto. Sentado en el inodoro, repasaste mentalmente cómo presentarías tus nuevas ideas para la empresa. Has estado haciendo la tarea y trabajando duro para prepararte para esta reunión.

Cuando al fin sales, descubres que tu presentación deberá esperar un rato más, ya que luego de una comida latina siempre sigue la sobremesa, un tiempo dedicado a charlar mientras se toman un cafecito o un aperitivo. Ahora son las 10:30 p.m. y los invitados se ven relajados —quizás demasiado relajados— y la charla entra en detalles más personales que de negocios. Todos siguen tomando. Esta es la cronología de lo que ocurre después de la cena:

10:35 p.m.   Todos se van a la sala de estar para más tragos.

11:07 p.m.   Williams, borracho, le confiesa a Jacinto que cree que su esposa está bien buena.

11:08 p.m.   Hay un brindis por la esposa de Jacinto.

11:15 p.m.   El vicepresidente y el presidente ejecutivo de la compañía se abrazan y empiezan a cantar "Yesterday".

11:22 p.m.   El niño de nueve años de Jacinto vomita una vez más. Esta vez Williams vomita con él.

11:48 p.m.   Shelly Kingsey, de contabilidad, confiesa que es lesbiana.

11:50 p.m.   Hay un brindis por Shelly Kingsey.

11:55 p.m.   Hay un brindis por Martina Navratilova.

11:58 p.m.   Hay un brindis por Elton John.

12:11 a.m.   Jacinto manda a su hijo a que compre más alcohol, dándole la colección enmarcada de monedas que tú le regalaste para que lo pague.

12:26 a.m.   Empiezas a hablar de tus ideas empresariales.

12:27 a.m.   En medio de tu presentación, todos deciden darse un abrazo grupal para celebrar tu creatividad.

12:31 a.m.   Finalmente termina el abrazo grupal. Hacen un brindis en tu honor.

12:33 a.m.   La esposa de Jacinto desaparece del cuarto. Tanto Williams y Shelly Kinsey la persiguen por la casa charlándole de lo que sea.

12:51 a.m.   La fiesta se acabó. No queda nada para beber.

12:52 a.m.   Todos se despiden y hay muchos abrazos y besos, especialmente entre la esposa de Jacinto y Shelly Kingsey, la contadora. Todos las alientan, hasta Jacinto.

12:58 a.m.   Todos se han ido excepto Williams y Kingsey, quienes han pedido quedarse a pasar la noche porque "no hay taxis a esta hora de la madrugada".

CAPÍTULO 53

La economía global ha estado atravesando un período difícil por aproximadamente... quinientos años. Agreguemos a esta situación la caída de la bolsa de valores, las consecuencias del 11 de septiembre, los desastres naturales y los precios incontrolables de los seguros, y te quedas sin nada para recortar. Pero "el nuevo estilo de vida americano" no se detiene simplemente porque no haya más dinero. Es hora de aplicar para una nueva tarjeta de crédito con intereses bajos, transferir tus balances, hacer el pago mínimo, sacar un segundo préstamo sobre tu casa, declararse en bancarrota bajo el capítulo 11 —y cualquier capítulo que exista— y, al final, cuando no hay otra manera legal para mantener tu estilo de vida, un amigo de un amigo te recomienda un usurero "de confianza".

La principal diferencia entre un usurero y un banco es la burocracia. Por otro laso, las similitudes son muchas más. Déjame citar sólo algunas:

- Ambos cobran intereses exorbitantes.
- Ambos están ansiosos por prestarte más dinero del que puedes pagar.

- Ambos te arruinarán la vida si no les devuelves su dinero.

Ya le has comentado a tu amigo cuánto necesitas, y a los pocos días recibes una llamada anónima que te confirma el lugar y la hora. Listo, trato hecho. Llegas diez minutos temprano, pero no encuentras ninguna señal de una oficina cerca. No sólo eso, todo parece indicar que estás esperando debajo de una carretera. Cuando estás por irte, pensando que hubo algún malentendido, una limosina negra seguida por un Hummer aparecen en el sitio. Paran justo a tu lado, la puerta de la limosina se abre y un zapato de piel de cocodrilo asoma del vehículo. Un hombre de baja estatura, usando collares de oro, anillos de oro y un diente de oro se acerca y se presenta: Danny Reyes. Danny sonríe, parece buena onda. Es latino, pero no te importa, un negocio es un negocio. Aceptas el dinero. En el momento en que el sobre toca tu mano, la luz cambia, nubes oscuras cubren el cielo y se escuchan truenos —todas señales de que has hecho un pacto con el diablo. Danny se ríe tan siniestramente que todo retumba a tu alrededor.

No hay contrato, no revisan tu historial de crédito, ni siquiera hay algo para leer y firmar, todo es de palabra. Danny te dice: "El interés es del 68 por ciento, mensual, y cobramos a domicilio. No tienes el dinero, nos llevamos un dedo. No tienes dedos, nos llevamos a un familiar. Ah, casi me olvido, el préstamo comenzó la semana pasada cuando recibí la llamada telefónica pidiendo el dinero". Antes de que puedas abrir la boca para quejarte, dos de los "ejecutivos asociados" de Danny salen del Hummer cargando una bolsa tamaño humana. Danny la mira de reojo y dice: "No tuvimos tiempo de sacar la basura". Tu asientes con la cabeza mientras miras tus diez hermosos dedos. "Esto es un gran error" te dices, mientras aprietas fuerte el fajo de billetes.

Ahora tienes el dinero y todo se ve más verde —pero tarde o temprano deberás enfrentar a los hombres de Danny. Casi llegando de regreso a tu casa, un matón te corta el camino, baja la ventana del auto y dice: "Danny quiere saber qué pasó con el dinero". Tu respondes que el dinero todavía está en tu bolsillo, ya que te lo dio hace sólo quince minutos. La sensación es que Danny no quiere su dinero; prefiere llevarse tus dedos.

Desesperado, tratas de buscar una salida. La pregunta del millón es: ¿Hay una diferencia entre estar endeudado con un usurero latino o con uno de otro origen? Básicamente todos te cortarían en pedacitos si dejaras de pagar, pero puedes tener una ventaja con Danny Reyes si le encuentras alguna de las siguientes debilidades:

1. Eres amigo de uno de sus primos.

2. Él está interesado en tu hermana.

3. Eres su abogado de inmigración.

4. Eres un atleta famoso en un equipo que a él le gusta.

5. Alguna vez le salvaste la vida a su mamá.

6. Estás en una posición donde le podrías ofrecer un papel protagónico en una telenovela.

Ya sé lo que piensas; nada de esto se podrá aplicar. Suena alocado pero la opción número 5 es la única salida. Debes seguir a la madre de Danny durante un par de semanas para conocer bien su rutina diaria. Pídele a un amigo que te espere en su auto en el estacionamiento de un supermercado, y cuando la madre de Danny está volviendo con su compra, hazle la señal a tu amigo. Debería apuntar el auto a la señora Reyes y acelerar toda velocidad —tú, heroicamente, saltas a su rescate, empujándola fuera del camino. Cuando Danny se entere de lo que hiciste, tu deuda será perdonada y estarás nuevamente a salvo. Desafortunadamente, ese no será el caso de tu amigo, el conductor. Trata de no elegir a un amigo demasiado cercano para que te ayude.

No quiero cerrar el tema sin aclarar un detalle muy importante: La situación no cambia si el que presta el dinero es un conocido latino o un usurero latino. Somos lo mismo, tanto el amateur como el profesional. El préstamo puede ser tan inocente como cien dólares hasta el próximo día de pago, que te facilita Ramón Méndez, un colega del departamento de recursos humanos de tu compañía. Ramón viste chalecos grises y ama la ópera, pero si no le has devuelto el dinero dentro de esas dos semanas, también te cortará los dedos.

CAPÍTULO 54

Gran verdad: En éstos momentos, hay aproximadamente sesenta millones de almas latinas viviendo en los Estados Unidos.

Tengo amigos gringos, y me han confesado que discuten el asunto de la inmigración en el trabajo a diario, mientras no esté cerca José, el de la sala de correo. Todos dicen lo mismo: a alguien se le tiene que ocurrir algo pronto, algún tipo de plan, antes de que la situación no tenga solución. Quizás ya es demasiado tarde. Aunque no me gustaría que me cataloguen como un traidor a mi gente, yo tengo un par de ideas que podrían funcionar. No hay nada que pueda hacer, soy un solucionador de problemas por naturaleza, y siempre se me enciende el bombillo.

Opción #1: Desarrollar un idioma secreto.

Demasiados latinos han llegado a dominar el inglés. Este idioma ya no representa la barrera al progreso social y económico que alguna vez fue. El plan sería que dentro de cinco años, cada gringo viviendo en los Estados Unidos utilice un nuevo idioma, dejándole el inglés a Inglaterra. Esto automáticamente le impedirá a los latinos conseguir empleos en oficinas y nos frustraría nuestras aspiraciones económicas

Cortesía de Cristián de la Fuente

No, no estoy tratando de cruzar la frontera. Esta foto fue tomada luego de que terminé de rodar una escena de la película "Basic" donde había recibido varios disparos de Samuel L. Jackson. Supongo que él también creyó que yo estaba tratando de cruzar la frontera.

en el país. Este plan no es una solución permanente, pero les podría garantizar otros cincuenta años de dominación gringa.

Opción #2: Devolver el favor.

La meta aquí es mudar a todos los gringos —alrededor de 300 millones de personas— a países latinoamericanos, haciéndolos inmigrantes en los territorios de los cuales sus ciudadanos emigraron originalmente hacia los Estados Unidos. Como muchas de las ideas divertidas, está a un salto del manicomio. Sólo imagínate por un minuto la flota de las naves más grandes y magníficas de los Estados Unidos anclando en la costa cubana. Nadie entiende nada, el gobierno cubano esperando desesperadamente un ataque, la gente corriendo y gritando que es el comienzo de la Tercera Guerra Mundial... pero luego nueve millones de familias gringas se tiran al agua y nadan hacia la costa. Infestarían la isla como langostas, se fumarían todos los habanos y, en unos pocos años, seguramente veríamos a un gringo peleando para cambiar la Constitución para permitir que un ciudadano americano pueda postularse como candidato a la presidencia de Cuba.

Opción 3: Colonizar la luna.

Cuando en 1969 la Ranita pisó el satélite solitario de la tierra, fue, sin duda alguna, un gran salto para la humanidad. Cuarenta años más tarde es hora de poner los pies de todos los ciudadanos americanos en el mismo lugar. No me digan que no es posible. La tecnología ha crecido a niveles increíbles. Mi plan incluye construir una superestructura habitable con forma de burbuja, una atmósfera encapsulada lo suficientemente grande para contener a 250 millones de habitantes. Se llamaría los Estados Unidos de la Luna. Obviamente, entrar ilegalmente al espacio sería más difícil que cruzar un río. Llevaría un esfuerzo monumental, pero los Estados Unidos al fin estaría libre de sus problemas de inmigración. Todo iría muy bien, sólo que habría algunos trabajos que nadie querría hacer, como: levantar piedras lunares, limpiar cráteres y lavar platos espaciales. En algún momento, alguien dirá: "Traigamos una nave espacial llena de latinos de la Tierra, aunque sea algunos". Creo que ni tengo que decir cómo terminaría eso.

CAPÍTULO 55

Ya estamos casi al final del viaje, sea que tengas un mejor entendimiento sobre los latinos o no, has llegado bastante lejos, lo cual prueba que *te importa*. Eres un ciudadano preocupado. Puede que estés preocupado que los latinos se acaparen tu país —pero, no obstante, estás preocupado. Las respuestas de esta cuarta y última prueba no están en el libro, así que para responder correctamente, debes pensar más allá de los limites. A estas alturas deberías tener suficiente información para adoptar una mentalidad latina: "¡Vaya con Dios!". Como siempre, suma 0 puntos por cada respuesta "a", 1 punto por cada "b" y 3 puntos por cada "c".

1. Estás aplicando para una tarjeta de crédito. Te piden tu número de seguro social. ¿Qué es lo primero que se te cruza por la mente?
   a. Recitas los números en seguida.
   b. ¿Quién es usted, la policía?
   c. ¿Qué es un número de seguro social?

2. Pillaron al presidente del país engañando a su esposa, ¿qué debemos hacer?

    a. Sacarlo de su puesto como presidente.

    b. Escucharlo: si se arrepiente de sus acciones, lo podremos perdonar.

    c. ¡Deberíamos encontrarnos en su casa y aplaudir sus cojones!

3. Ayer en la oficina, le prestaste un dólar a un colega en las máquinas de comida. Hoy, casi cinco días más tarde, todavía no te lo ha devuelto. ¿Qué haces?

    a. Te pagará mañana. No hay problema.

    b. Le preguntas cortésmente.

    c. Preguntas: "¿Tocas el piano? Tienes unos dedos tan lindos y delicados".

4. Te invitaron a cenar a la casa de un colega por primera vez. ¿Qué llevas?

    a. Una botella de vino.

    b. Una planta.

    c. Una bolsa llena de Tupperware vacíos.

5. Estás en camino al trabajo. Tu oficina está a un par de cuadras. De repente, una muchacha joven y hermosa sale furiosa de un edificio. Te mira a los ojos y dice: "Acabo de terminar con mi novio. Estoy enojada y caliente. Si me permites, haré que tus sueños eróticos más escandalosos se hagan realidad". ¿Cómo llamas a tal situación?

    a. Un ejemplo de cuánto ha decaído nuestra sociedad.

    b. Una muchacha con serios problemas

    c. Una razón lo suficientemente buena para que me echen del trabajo.

¿Listo para el truco? El resultado es un poco diferente en esta vuelta. Hay tres opciones:

Opción A: *Contestaste las cuatro pruebas como mejor pudiste.* ¿De verdad? ¿Estás loco? Era un chiste. Soy un actor de Chile, no un terapeuta. Definitivamente eres un ciudadano gringo que vive la vida siguiendo las reglas, pero tienes que aprender a leer entre líneas, al menos si quieres adaptarte a los cambios que se vienen en este país.

Opción B: *Hojeaste el libro, buscando los temas que te interesaban. Leíste las pruebas, pero no las completaste todas.* Este libro no es una novela de misterio que debes leer de principio a fin para comprenderla. Es obvio que *debes* leer salteado. Ahora, por otro lado, ¿por qué eres un lector tan haragán? Vuelve y enfócate en las partes que te salteaste. Las escribí para tu beneficio, no por mi salud.

Opción C: *Leíste las preguntas, disfrutaste de las respuestas graciosas y comprendiste que no eran verdaderas pruebas.* ¿Crees que te las sabes todas? Esta actitud sabelotodo no ayuda. Estas pruebas contenían información muy útil y seria, y tú lo trataste como un gran chiste.

Ahora que has leído las tres opciones, debes estar confundido. Empecé diciendo que las pruebas no eran reales, pero terminé diciéndote que encuentres la información útil en cada una. ¿Cómo puede ser posible? Una no cancela a la otra, simplemente coexisten como contradicciones. La sabiduría de esto llegará cuando nuestras dos culturas se acerquen cada vez más, apretados como pareja que baila tango luego de tomar varios mojitos.

CAPÍTULO 56

Un día sin latinos en los Estados Unidos

Seamos honestos: los gringos nos necesitan. Como estamos a unas pocas páginas de terminar el libro, debes aceptarlo. Es una de tus últimas oportunidades, no la malgastes. Estoy impresionando con el simple hecho deque hasta el gobierno reconoce esta realidad sin decirlo. Por ejemplo, los inmigrantes ilegales no deberían poder trabajar, pero alguien los contrata, y así se vuelven "trabajadores ilegales". En 1996, el Internal Revenue Service comenzó a emitir números de identificación para habilitar a los inmigrantes ilegales que no tienen números de seguro social para pagar sus impuestos. ¿Acaso no es esto una doble moral, envuelta en ironía, rellena de una paradoja?

Tal vez vivas en una ciudad con poca población latina y no ves como sería de diferente tu vida si este grupo de personas no hubiéramos emigrado a este país. Ya sea que vivas en un pueblo fantasma o en medio de una montaña, los latinos afectamos tu día a día. No digo esto por orgullo; los latinos no *elegimos* afectar tu vida. Simplemente tomamos el puesto que, tarde o temprano, alguien iba a tener que tomar. Si mañana todos los latinos desapareciéramos de este país, otra minoría de inmediato se transformaría en la "minoría más grande", y jugaría el mismo papel dentro de la sociedad. Observemos a una familia tradicional gringa que se despierta sin saber que ya no queda ni un latino en su país.

EN LA MAÑANA

La madre les está preparando el desayuno a su hijo e hija en la cocina. El padre va hacia la puerta en busca del diario. No hay nada. Los chicos están tarde para el colegio, así que comen su cereal, leche y jugo lo más rápido posible, besan a sus padres y se van.

Una vez que se fueron los chicos, el padre se queja de no tener calzoncillos limpios en su gaveta. Su esposa le recuerda que no pudo lavar la ropa porque la máquina está rota. El técnico dijo que iba a venir a arreglarla esa mañana, pero no ha sabido nada de él. Media hora más tarde, el padre se va a la oficina —usando los calzoncillos del día anterior. Al salir de su garaje, ve a los chicos parados en la esquina. El autobús escolar nos lo recogió. Al padre no le queda otra que llevarlos.

Una vez en el auto, se da cuenta de que se está quedando sin gasolina, así que decide detenerse a cargar. Se impresiona al ver que todas las gasolineras que pasan están cerradas; nadie ha llegado para abrirlas. Por suerte, tiene suficiente reserva en el tanque para dejar a los chicos en la escuela y llegar a su oficina.

Al llegar al trabajo, el hombre camina hacia la entrada principal, con la intención de mostrarle la tarjeta de empleado al guardia de seguridad, como siempre. Pero, no hay nadie allí esta mañana. Le parece muy extraño que nadie esté vigilando la puerta principal del edificio, en especial porque él trabaja en una planta nuclear.

Entra a su oficina y lo primero que nota es que no han sacado la basura y el lugar huele a leche podrida y cáscara de banana. Marca la extensión de mantenimiento, pero nadie responde. Decide mantenerse enfocado en su trabajo y olvidar estos detalles.

ALREDEDOR DEL MEDIODÍA

La madre, cansada de esperar al técnico del lavarropas, y sin lograr conseguir con alguien en el número de atención al cliente, decide salir y empezar sus mandados. Maneja al supermercado y saca su lista de la cartera. Va de fila en fila, pero nota que faltan muchos productos. Empieza a preocuparse: ¿Será que se viene un huracán? ¿Qué está pasando?

La sección de frutas y vegetales está totalmente devastada. No hay productos, el piso está pegajoso y se quedaron sin bolsas de plástico. Una vez que tiene las pocas cosas que encontró de su lista, empuja el carrito hacia las cajas registradoras, pero encuentrar que sólo hay una línea abierta y más de treinta personas esperando en fila delante de ella. Parece que el problema es que ni un solo cajero ha venido al trabajo hoy, y el pobre gerente está detrás del mostrador, tratando de ocuparse, en vano, de todos los clientes furiosos e impacientes. La gente habla de algún tipo de gripe epidémica que podría haber afectado a todos los empleados de un solo golpe.

Llevando la compra ella misma, la mujer se encamina hacia su auto. Los jóvenes que siempre estaban para ayudarla con las bolsas, hoy no están. Carga el maletero y finalmente está lista para irse, pero ahora su auto no funciona. No sabe nada sobre autos, pero conoce a alguien que la puede ayudar. Usa su celular para llamar a Tito's Automotives, un lugar de reparaciones que más de una vez la sacó de un apuro, pero le responde la contestadora automática. Hace calor, el sol arremete al maletero donde se encuentra la comida perecedera, no hay un alma en el estacionamiento y el auto está muerto. Obviamente será un día larguísimo.

AL ENTRAR LA TARDE

Los chicos van a la cafetería. Las señoras de la cafetería no fueron a trabajar hoy y no hay nada para comer. Ni siquiera sirven las máquinas expendedoras ya que nadie de la compañía vino a reponer los productos. El chico se da por vencido y va hacia su práctica de fútbol americano. No cortaron el césped y nadie pinto las líneas en la cancha. Luego del entrenamiento, el equipo se va a duchar. No hay toallas y nadie ha rellenado el dosificador de jabón.

La niña canta en el coro del colegio. Al llegar, ve que todos están esperando afuera del auditorio porque la puerta está cerrada con llave.

Quince minutos más tarde, Taylor, el barítono de quien secretamente está enamorada, tiene una idea brillante que la incluye. Se le ocurre que la chica podría entrar al auditorio por la ventana rota del costado del salón —pasa justo— y así podría abrir la puerta desde adentro. La chica dice "sí" rápidamente para ganarse el amor del barítono.

El amor es ciego, y quizás sea esa la razón por la cual la chica, al pasar por el marco, se hace un tajo profundo en la palma de la mano con un pedazo de vidrio. Logra su meta y abre la puerta, pero su mano necesita atención médica. El director del coro descubre lo que han hecho y llama a la oficina de la enfermera del colegio, pero nadie atiende el teléfono.

POR LA NOCHE

Aunque el día de hoy no ha sido fácil, la familia se junta para cenar. La madre decide dejar el auto descompuesto en el estacionamiento del supermercado, totalmente cargado de compras, y vuelve a casa en el autobús. La mala noticia es que no vio ni un autobús por las calles y los taxis eran pocos. "¿Habrá un paro de transporte encima de todo? Debo prestarle más atención a las noticias", pensó la mujer mientras caminaba a casa.

A esta altura, la fantasía de una comida casera parecía casi utópica, así que la mujer llama para pedir una pizza. Un chef italiano bien amable atiende el teléfono, pero le informa que el repartidor no fue a trabajar hoy, así que lo único que puede ofrecer es que alguien pase a recoger el pedido.

Justo en ese momento, el padre abre la puerta de la casa. No logró encontrar una gasolinera abierta, así que un colega lo llevó de regreso. ¿Dónde están los chicos? El padre los tendría que haber buscado —dado que no habían autobuses escolares— pero se olvidó por completo de ellos, así que tiene que volver a salir. Usa la bicicleta de su hija para llegar al colegio y encuentra a su hijo sucio y transpirado y a su hija herida, esperándolo desanimados.

Regresando a casa, buscan las pizzas y todo parece volver a encaminarse, aparte del olor hediondo del chico y la palidez de la chica, claro. Al fin juntos, los cuatro se sientan a la mesa. Justo cuando están por comer... *¡bam!* Se corta la luz. Oscuridad total. Su casa, las calles y todo el barrio. La radio dice que los empleados de la planta energética no fueron a trabajar hoy, lo cual llevo a un recalentamiento peligroso, y el equipo de reparaciones tampoco apareció. La familia trata de relajarse, tomárselo con calma y reírse un poco.

Como hace calor y el aire acondicionado no funciona, la familia decide pasar el tiempo afuera en su jardín de frente para tomar un poco de aire fresco. En cuanto salen, el olor que viene de las bolsas de basura acumuladas en la acera es nauseabundo. El camión de basura no recogió las bolsas hoy y la basura se pudrió aun más por el calor del día. La herida de la chiquita empieza a sangrar nuevamente y llora para que la ayuden, su mamá intenta socorrerla pero se tropieza en la oscuridad, el chico apesta más que nunca y al padre le agarra una alergia en la entrepierna por los calzoncillos reciclados. En medio de esta lloradera, quejas, caos, generalizado el padre alza los brazos al cielo y grita: "¡Por favor, Dios! ¡Ayúdame!". Pero no recibe respuesta. Parece que Dios tampoco se presentó a trabajar hoy.

CONCLUSIÓN

Cuando escribes un libro y llegas al final, tienes emociones encontradas:

1. Alivio: "Lo logré. Tengo algo por lo cual seré recordado".

2. Inseguridad: "¿Qué ocurrirá ahora con mi computadora rosada?".

3. Asombro: "¿Cómo que van a traducir mi libro al español? ¡¿Me hacen escribirlo en mi segundo idioma, para luego traducirlo a mi primer idioma?!".

Durante varias reuniones con mi editor y la gente de la editorial, en donde intercambiamos ideas para el título, como se vería la cubierta y la campaña publicitaria, me encontré soñando con lo que pasaría una vez que se publicara el libro. Si es un éxito, ¿habrán otros latinos en Hollywood que tratarán de escribir sus propias versiones de la experiencia de un inmigrante? Por mí, no hay problema, con tal de que me den crédito por hacerlo primero en sus páginas de agradecimientos. Luego de reflexionar un momento acerca de mi posición como pionero, algunas preguntas vinieron a mi mente:

- ¿La comunidad latina se enojará conmigo?
- ¿La comunidad gringa se enojará conmigo?
- ¿Quién se va a tomar el trabajo de leer un capítulo titulado "Conclusión"?

No voy a decir que soy escritor. No soy ese tipo de persona. Si te diré que me gusta la atención —definitivamente soy *ese* tipo de persona. Si lo piensas, la mayoría de los actores en algún momento tratan de hacer algo para lo que no están nada calificados. Puede ser dirigir un largometraje, grabar un disco o ganar 25 millones de dólares por película. No tengo interés en dirigir, no puedo escribir música y nadie me está ofreciendo una fortuna para que esté en una película... todavía. (¿Quién sabe? ¡Muchos éxitos de taquilla de Hollywood se basan en libros!) Mi punto es que este libro me dio la oportunidad para expresarme de una manera diferente y más personal. En muchas cosas, actuar y escribir son actividades similares.

- En ambos casos, no tienes idea en lo que te estás metiendo.
- Cuando estás en la televisión, todos te reconocen en las calles. Cuando llevas tu libro en el subte, lo mismo —con tal de que tu cara esté en la cubierta.
- Un actor puede herirse el brazo en *Dancing with the Stars*. Un escritor puede herirse el brazo con el síndrome del túnel carpiano.

¿Escribiré otro libro después de éste? No lo sé. Depende de ti, ¿cuántos ejemplares compraste? Hasta puedo estar dispuesto a dejar mi lucrativa carrera como bailarín.

Ahora quisiera hablar un poco más en serio, por lo menos en estos últimos párrafos. Espero que algún día ya no nos veamos como latinos, americanos, afro-americanos, indio-americanos, sudamericanos americanos, etc. Espero que dejemos de encontrar nuevas formas de separarnos, que paremos de crear "barrios" étnicos donde sólo puede vivir cierto estilo de persona. Vivimos en un mundo diferente a lo que experimentaron generaciones pasadas, y si no empezamos a trabajar en equipo, lo destruiremos por completo.

Es hora de despedirme. Espero que hayas disfrutado del viaje. Al final del día, todas las verdades y los mitos llegan a la misma conclusión: Los latinos también somos americanos. Somos del cono sur de las Américas, pero del mismo hemisferio y del mismo planeta. Tenemos los mismos sueños —sueños con los que te puedes identificar y que puedes comprender, excepto que son en español. Ya que estamos hablando del tema, por favor empieza a tomar clases de español cuanto antes. Como motivación, no dejaré que mis memorias se traduzcan al inglés.

Un abrazo.

EPÍLOGO

Sé lo que estás pensando: *¿Dónde esta la otra parte del libro? Todos queremos saber sobre* Dancing with the Stars.

Bueno, está bien, tus deseos son órdenes. Pero antes de entrar en detalle sobre lo que pasó en *Dancing with the Stars*, debemos comenzar por el principio. ¿Cómo llegué a ser un tipo al que invitan a *Dancing with the Stars*? Lo que se traduce a ¿cómo puede uno transformarse en esta criatura improbable: un actor chileno viviendo en los Estados Unidos?

SE LLAMA ACTUACIÓN

Desde chico he actuado en telenovelas, que son los únicos programas que tenemos durante las horas de máxima audiencia en mi país. No tenemos el presupuesto para hacer programas como *The Sopranos* o *24*. También he grabado algunos comerciales y he animado programas de televisión en Chile. Después de un par de papeles protagónicos, estaba ansioso de expandir mis posibilidades, porque si eres actor en Latinoamérica y no te abres nuevos caminos cuando empiezas a ser conocido, antes de que te des cuenta puedes terminar interpretando el "amigo del protagonista", luego el "hermano mayor abandonado", después "el padre que vuelve", y cuando te ofrecen el "abuelo paralizado" (y sólo tienes cuarenta años), sabes que lo que en verdad te están diciendo es "Tu carrera ha terminado".

Decidí que quería estar en este negocio cuando era un niño en Chile. Alguien me dijo que era guapo, así que me conseguí unos trabajos como modelo. Alguien me dijo que debería ser actor, así que encontré unos papeles pequeños, que con el tiempo empezaron a crecer. Gracias a Dios que nadie me dijo que era un excelente cortacésped. Mi vida sería otra en este momento.

Para conseguir un trabajo como actor, debes ir a una audición. Esto es como ir a una entrevista de trabajo, excepto que una entrevista de trabajo en general es una reunión agradable con alguien que tiene algo que ofrecer, y una audición es un proceso largo y tedioso que te destruye los sueños.

Puedes pensar, "¿Cómo sabes donde ir para una audición? ¿Cómo le hacen publicidad a tal trabajo? Nunca vi una publicidad en el diario". Exacto. Los productores y directores no quieren a miles de personas, que no son nadie, atestando las puertas de sus oficinas. Si eres un actor y quieres saber dónde están las audiciones, debes conseguirte un agente. Lo difícil es que los agentes no quieren representar a un actor desconocido porque no hacen dinero con eso. Por lo tanto, ¿cómo consigue un trabajo un actor? Si leíste el libro, ya sabes: ¡amenazas al productor diciendo que estás saliendo con su hermana!

LLEGAR A LOS ESTADOS UNIDOS

Hace poco más de diez años, me tomé un avión y llegué a Hollywood a trabajar en mi primer "programa de televisión americano" para un canal hispano. Se filmaba en Tijuana, México, y era en español, ¡pero salía al aire en los Estados Unidos! En su momento no lo sabía, pero esa experiencia fue extremadamente útil. Comí comida mexicana, celebré feriados mexicanos, y me hice muy amigo de varios mexicanos. Mi chofer, mi cocinera y mi jardinero eran mexicanos. Luego, me enteré de que Los Ángeles funcionaba de la misma manera.

Empecé a volar entre Tijuana y Los Ángeles, tomando clases para mejorar mi inglés (en Los Ángeles), perfeccionando mi actuación (en

Cuando celebré mi primer cumpleaños en los Estados Unidos estaba grabando una serie de televisión. La producción pensó que yo era mexicano así que me envió un mariachi para que me cante "Las mañanitas." Una vez más, para los gringos, todos somos mexicanos.

Tijuana) y disfrutando de las mejores margaritas (extrañamente, en Los Ángeles). Después de un año y muchas margaritas, decidí mudarme a Los Ángeles, más que nada para ahorrar dinero en boletos de avión. Cuando conseguí mi visa, empaqué todas mis cosas. Cuando los latinos empacamos, viajamos con maletas, bolsas, instrumentos musicales (¿por qué dejar el piano?), dieciséis primos que duermen en el garaje, nuestro auto, las cenizas de nuestra abuela y ciento de botellas de remedios caseros que el vecino nos dio, susurrando: "Te advierto, ¡no confíes en ningún médico allá!".

Déjame decirte: es totalmente diferente llegar a los Estados Unidos de vacaciones, por poco tiempo, a lo que es mudarse. No sólo se siente diferente, sino que también te miran de otra manera. Hasta entonces, cada vez que pasaba por la parte de migraciones en el aeropuerto, me preguntaban: "¿Por cuánto tiempo se queda?". Un par de semanas. "¿Qué va a hacer?". Estoy promocionando una nueva telenovela en español. "¿Cuánto dinero trae encima?". No mucho, pero me van a pagar por hacer esto. "En caso de emergencia, a quién deberíamos contactar?" A una ambulancia por favor. Es que te miran de una forma muy particular como si les estuvieras mintiendo, tratando de pasar para quedarte en el país ilegalmente hasta el fin de los tiempos —si eres gringo, seguramente nunca has notado esa mirada.

Distinto fue cuando me mudé a los Estados Unidos de una vez por todas. Los tipos de seguridad me miraban como diciendo "Finalmente llegaste" mientras revisaban mi pasaporte de pe a pa. Y las preguntas que me hicieron fueron otras: "¿Trae plantas, semillas, raíces o animales con usted?". Vengo de Chile, no del Amazonas. "¿Alguien lo ayudó a empacar sus maletas?". ¡Claro! Toda mi familia y mis vecinos me ayudaron. Me hubiera tomado dos semanas si lo hubiera hecho solo. Por suerte se rieron y me dejaron pasar.

Habrá experiencias de vida que recordarás por siempre. Tu primer beso. Tu primer día en el trabajo. Tu primer beso con una compañera de trabajo. En fin, a lo que voy es que hay ciertas cosas que me impresionaron en cuanto me establecí en los Estados Unidos, y están tan frescas en mi mente hoy como cuando traté de lidiar con ellas por primera vez.

Primero, cuando empecé a vivir en Los Ángeles, aprendí que en este país la manera de referirse a los ciudadanos nativos era "Americans" (americanos), como si ellos fueran los únicos. Déjame revisar el nombre del continente que queda al sur de Norteamérica: ¡es Sud*américa*! Algunos latinos dicen que el uso de "Americans" o "americanos" para describir a los ciudadanos de los Estados unidos es arrogante e incorrecto. No soy tan radical con el asunto, yo simplemente digo... compartan la palabra. No creo que un ciudadano nativo de los Estados Unidos me diga: "¿Sabes qué? ¡Tienes razón! De ahora en adelante nos vamos a empezar a llamar *United Statesmen*". Hagamos un trato: no es que no queramos que se llamen americanos, es que también nos gustaría ser americanos, ¡porque lo somos!

La segunda vez que me impresioné fue cuando prendí la televisión. Me enteré que a un deporte que consiste en tirar una pelota con las manos, lo llaman *football*, mientras que otro deporte, ampliamente considerado como el deporte más popular del mundo, donde casi todos sus jugadores usan los pies para patear la pelota, se llama *soccer*. Además, tienen una hermosa tradición al terminar la temporada de béisbol, un campeonato que se llama *World Series* (serie mundial). Me ilusioné pensando ver a equipos de Cuba, República Dominicana, Venezuela, Japón... pero pronto descubrí que el único equipo de las grandes ligas fuera de los Estados Unidos es el Toronto Blue Jays, de Canadá. ¿Soy yo, o eso dice mucho? Los "americanos" y en parte algunos canadienses, ¿constituyen "el mundo"? Claro que igual pude ver a los mejores jugadores de béisbol latinos porque la mayoría juega en uno de los equipos "americanos". Tal vez este sea el significado de "World Series". Contratan a los mejores jugadores del mundo, pero todos los equipos representan a los Estados Unidos. El béisbol es un reflejo de la vida; la diferencia es que nadie se queja de los inmigrantes cuando ayudan a su equipo a ganar.

La tercera vez que quedé impresionado cuando intenté llamar a mi familia en Chile, por el código internacional. Si estás fuera de los Estados Unidos y quieres llamar aquí, lo único que tienes que recordar al marcar es el "1" antes del número. Extrañamente, también ocurre lo mismo en Canadá (béisbol y códigos de teléfonos, ¿en qué andan ustedes?). Sin embargo, cuando intentas llamar al resto del mundo, tienes que marcar una combinación de dos o tres números que fácilmente puedes confundir con otros. A veces me encuentro llamando a Chile (56) cuando en realidad quería llamar a México (52), con lo que mi mamá siempre se contenta, pero ese no es el punto. Mi punto es: ¿Cómo hicieron los Estados Unidos para lograr acapararse ese prefijo para ellos solos? La distribución de códigos se basa en la recomendación del International Telecommunication Union, que tiene su casa central en Suiza. Hasta con la sede en su país, ¡los suizos no pudieron conseguir algo mejor que el 41 como su prefijo? Créeme, si Chile fuera el país donde queda la casa central de ITU, nos hubiéramos quedado con el número 1, pero así somos los latinos. Para el colmo, si quieres hacer una llamada a Cambodia tienes que marcar el 855. Ya sé lo que estarás pensando: "¿Por qué debería memorizarme el prefijo de Cambodia? ¿Cuándo voy a usar o necesitar ese número?". Y, nunca se sabe, quizás tengan algún jugador de béisbol extraordinario para ser la próxima estrella del "World Series".

PRIMERA OPORTUNIDAD EN HOLLYWOOD

Un par de meses después de establecerme en los Estados Unidos, mis amigos gringos *me dieron consejos* de cómo sobrevivir como inmigrante. Recuerdo algunos (y nunca me sirvieron de nada).

1. "Aprende inglés, de verdad. Ese dialecto gitano que tratas de usar no sirve de nada".

2. "Paga tus impuestos por completo y a tiempo. Sé que es un nuevo concepto en tu vida, Cristián, pero acostúmbrate".

3. "Ahorra para la universidad. ¿Cómo que no irás a la universidad?"

4. "Esto... es una tarjeta de crédito. Ah, ¿tienen eso en Latinoamérica?"

5. "Date un tiempo para sentirte en casa. Si no lo logras, vuelve a tu país. Digamos... ahora".

Como cualquier nuevo inmigrante, no sólo no dominaba el inglés, sino que no conocía el lenguaje de la industria. Pensé que vivir en Los Ángeles me ayudaría a practicar el idioma, pero me equivoqué. Todo lo que me rodeaba era el "Spanglish" (la mezcla de inglés y español). Lo único que podía hacer para mejorar mi inglés era ver televisión. Me quedaba dormido con el programa *Late Nite with David Letterman*. No aprendí mucho inglés, pero empecé a organizar mi vida en listas "Top 10", lo cual me ayudó muchísimo.

En una tarde soleada, hace alrededor de diez años, fui a mi primera audición en inglés. El cuarto estaba repleto de actores aspirantes, muchos de ellos latinos. Escribí mi nombre en una lista y esperé mi turno. La directora de casting entró al cuarto, tomó el papel y empezó a mirar la lista y luego a mirarme. Luego le dijo a su asistente: "Necesitamos su "head shot"". Yo me paralicé y pensé: "¡Me van a matar!".

Entonces, el asistente tomo una foto de mi cabeza (*head shot*). Y ahí pensé: "Ah, no me van a matar, ¡quieren una foto para el rescate!".Como verás, un latino siempre vive en su propia telenovela mental. A pesar de mis miedos, me dio la primera audición. Me invitó a otro cuarto y cuando estaba listo para leer mi líneas, primero quería saber como "veía al personaje"... en inglés. No recuerdo que le dije exactamente; creo que no entendió ni la mitad, pero como me enseñó mi mamá: "Si no puedes convencerlos, confúndelos". Empecé a hablar lo más rápido que pude, me reía, alzaba la voz, lloraba, insultaba —y todo eso sólo tratando de decir mi nombre. En un momento ella me interrumpió y me pidió mi *resumé*. Nunca había escuchado esa palabra antes. Sonaba a la palabra "resumido" y pensé: "Cristián, estás hablando de más. Trata de decir tu apellido una vez más en inglés y cállate". Tuvo que mostrarme tres *resumés* más para que yo entendiera lo que me estaba pidiendo (un currículum).

Al final del día, me dio el papel. El tipo chileno, sin un *headshot* ni un *resumé*, y casi sin poder hablar el inglés, lo cual hacía con un acento horrible, consiguió el trabajo. Los tipos que esperaban afuera seguramente no les pareció justo, pero todos aprendimos una lección importante durante esa tarde soleada: no hay reglas en la jungla de Hollywood. En Latinoamérica es diferente. Tenemos reglas. Romperlas es nuestro deporte nacional, pero igual las tenemos. Desde mi primera victoria, he ido a innumerables audiciones, y te aseguro algo: muchas veces no tienen un final feliz. Ir a audiciones es como comprar un billete de lotería. Es más, a veces tienes más posibilidades de ganarte la lotería.

Una vez, mi agente me consiguió una audición para un papel en un proyecto nuevo de Robert Rodríguez. Ya era *Robert Rodríguez*, si me entiendes. ¿Alguna vez se te ocurrió que ese "alguien" alguna vez fue "nadie" hasta que se convirtió en "alguien"? Mi primer agente siempre me decía: "Aparecerás en Letterman cuando te hayas hecho un nombre". No sé si lo que quería era bautizarme otra vez o qué. La cosa es que Robert Rodríguez ya tenía hecho "su nombre" cuando audicioné para él. Casi ni hablamos. Leí mi parte y, al final, dijo: "Interesante". Me di cuenta que no me darían el papel cuando, en medio de mi lectura, empezó a tocar la guitarra.

Fui a muchas fiestas, esperando hacer conexiones en la industria, y en una me presentaron a Jimmy Smits. Le empecé a contar cuán felizmente cargaba con mi bandera latina por todo Hollywood. En un español a todo dar, le expliqué mis pensamientos sobre como los actores latinos deberían unir fuerzas en la industria. Asintió con la cabeza como por cinco minutos, y luego dijo: "Perdón, mi español no es bueno". Por lo menos no empezó a tocar la guitarra.

En cuanto a las audiciones, debo reconocer que yo también he estado del otro lado de la mesa. Resulta que tengo mi propia compañía de producción en Chile y cada tanto hacemos audiciones en busca de nuevo talento para nuestros programas. Cada vez que hacemos una, rezo para tener mi pequeño momento de venganza: que se presente un actor gringo.

Yo: ¿Cómo te llamas?

Él: *My name is Gordon Felch.*

Yo: ¡No se entendió nada la huevá!

Él: *Gordon Felch, I'm American, from Wisconsin.*

Yo: Y yo soy americano de Latino*américa.* ¿Esta listo para leer tu líneas?

Él: Sí.

Yo: Ah, no. ¡Tienes mucho acento! [a mi socio] ¡Llama a los carabineros que se lleven a este huevón!

Dentro de la industria del entretenimiento, hay mucha competencia, y tienes que dar lo mejor de ti en cada audición, en cada evento, todos los días. Tienes que sonreír para cada foto. Tienes que hacer algún comentario divertido cada vez que se te de la oportunidad. Debes habar, pero nunca decir algo inapropiado. Tienes que amarte y hacer que otros te amen aún más que tú. Podría agregar que debes ser un actor talentoso para conseguir un papel, pero ambos sabemos que eso no es verdad.

DANCING WITH THE STARS

Si conseguir un trabajo en la televisión es difícil, dos es casi imposible, ¿no? Mentira. En este negocio, cuánto más trabajas, más te llaman, y en general todos te quieren a la misma vez. Es más, el segundo trabajo se lleva a cabo en la otra punta del mundo. Honestamente dudo que eso ocurra en otras líneas de empleo. Digamos que una muchacha termina su educación. Es maestra y está buscando un trabajo. A lo largo de seis meses, va a muchas entrevistas pero no le ofrecen nada concreto. Cuando ya está por tirar la toalla, consigue un trabajo como maestra de quinto grado en Meade River School, en Atqasuk, Alaska. ¡Está tan contenta! Empieza el lunes entrante, y esa misma noche, cuando llega a su casa, encuentra un mensaje de voz: "Hola, la estamos llamando de John Love Elementary School, en Jacksonville, Florida. Nos han dicho cosas maravillosas de usted y nos gustaría ofrecerle un trabajo. No se tiene que ir de Alaska—le pagaremos el boleto de ida y vuelta. Llámenos; nos gustaría que empiece la semana que viene". ¿Te imaginas?

Me pasó lo mismo la primera vez que me preguntaron si quería participar en *Dancing with the Stars* (DWTS, por sus siglas en inglés). Ocurrió hace un par de años, y yo justo estaba filmando la primera (y última) temporada de la comedia de CBS *The Class,* así que tuve que decirles que no. Una comedia en televisión puede que dure media hora al aire, pero completar cada episodio lleva de cuatro a cinco días, entre la lectura del guión, ensayos y la grabación. No es que tuviera tantas líneas, pero no me alcanzaba el tiempo para reunirme con los productores de DWTS que, además, salía por otro canal.

La excusa principal para no hacer DWTS era *The Class*, pero en realidad tenía miedo de tener a todo el país riéndose de mí. Decidí concentrar todos mis esfuerzos en mi personaje en *The Class.* No sólo llegaba a cada lectura con mis líneas memorizadas, sino que también investigué a mi personaje y exploré territorio nuevo en mis clases de actuación, trabajé con un entrenador de acentos, y cuando finalmente me estaba sintiendo cómodo con lo que estaba haciendo, cancelaron el programa.

Unos meses más tarde, Deena Katz de DWTS me llamó nuevamente para ver si estaba interesado. Para mi alivio, ya estaba trabajando en la primera temporada de la serie *In Plain Sight*, del USA Network, y de nuevo les tuve que decir que no. Todavía me aterraba la idea.

En diciembre de 2007, estaba de vacaciones en Chile y Deena me llamó una tercera vez. No estaba trabajando, no tenía excusas. Tenía que enfrentar mis propios demonios, pero primero tuve una charla larga con mi esposa.

—Mira, quieren que haga el programa. Tengo que volver a Los Ángeles para reunirme con ellos. Te pido disculpas por tener que irme ahora, en medio de nuestro viaje. Les he dicho que no dos veces, lo menos que puedo hacer es ver qué me ofrecen. Lo he pensado mucho y creo que puede ser un buen paso para mi carrera. ¿Qué te parece?

—Ah—, me dijo mi esposa—, ¿me estabas hablando a mí?

—No hay nadie más en este cuarto.

—Perdón, pensé que estabas ensayando para algún personaje.

Unos días más tarde, me fui de Chile para Los Ángeles. En camino a la reunión, traté de imaginarme qué me dirían. La mayoría de mis entrevistas de trabajo eran para programas pilotos o shows nuevos. DWTS ya estaba entrando en su sexta temporada, y habían recibido un reconocimiento gigante. Eran un monstruo de rating. No podía esperar aparecer en ese programa sin que nadie se enterara.

Me di cuenta que el país al que más miedo le tenía era a Chile. Cuando naces en una tierra donde un hombre no puede tener una computadora rosada, y si todavía vuelves a ese país dos veces al año, ¿cómo puedes permitir que te vean bailando bailes de salón en la televisión? Si hasta los latinos gay son machos, ¿qué sería de mí con esto?

Después del estreno de la temporada, todo parecía ir mejor de lo que esperaba (no me echaron). La temporada entera duraría diez semanas. En la semana cinco de eliminaciones, nos encontramos en los últimos dos puestos, contra Priscilla Presley. Yo pensé que la gente votaría porque ella tiene un "nombre". No tienes idea lo difícil que es pararse ahí, con las luces sobre tu cabeza, esperando a que el presentador te de la noticia. *¿Estoy a salvo?¿Me mandarán a casa? ¿Debería* *vender mi computadora rosada y comprar un boleto de avión?* Hacen una pausa, estiran los segundos para crear suspenso. A veces tienes que controlar el deseo de gritar: "¡Por favor, Tom, lee la tarjeta de una vez por todas!".

© Kelsey McNeal/ABC (American Broadcasting Companies, Inc.)

Como pueden ver, los productores pensaron que este era el vestuario adecuado para un bailarín latino. A pesar de ser una foto en blanco y negro, debo confesar que la camisa y el pantalón eran rosados. Si alguna vez visitas cualquier país de Latinoamérica, por favor no te vistas de rosa, a menos que quieras conquistar a otro hombre.

Priscilla Presley, "el nombre", fue eliminada esa noche. No sólo el público latino votó por mí, sino gente de todas partes del país,. Fue un momento clave. Algo empezó a crecer en mis adentros. Era mi sangre, mis antepasados, mi cultura, haciendo una llamada a través de mi ADN: *Estás en el programa, entrando en la segunda mitad de la temporada. Queremos que ganes. Queremos que llegues hasta el final. Tú lo puedes hacer.* ¿Qué? El mismo tipo que hace un mes no estaba seguro si podía bailar ahora estaba soñando con el título? Sí, así nos hacen a los latinos.

Estaba más motivado que nunca. Bailaba por horas, sin parar, hasta que me aprendía la coreografía. En la sexta semana, nos fue impresionante con el fox trot y recibimos 27 puntos de los jueces —nuestro mejor resultado hasta ese momento— para terminar en tercer lugar, después de Kristi Yamaguchi y Mario. Sabía que estábamos a salvo y en la séptima semana nos fue excelente también.

Creo que todo pasa por alguna razón. En nuestro mundo latino, estamos acostumbrados a lidiar con la adversidad. Una crisis es una situación de todos los días en Latinoamérica. Casi nunca entramos en pánico. Nos movemos con soltura en los tiempos difíciles, y eso no es un mito. El punto es que los cambios radicales son comunes para los latinos. Pasan todo el tiempo. En ese momento no lo sabía, pero esa semana estaba por llegarme mi destino latino. Estábamos listos para bailar la samba. Cheryl, mi pareja de baile, me entrenó como un sargento, así que estaba listo. A la mitad de la rutina, sentí un dolor en el brazo que no podía soportar. Me lesioné el brazo durante esa samba; y no pude evitar reconocer una ironía del destino. El ritmo latino que supuestamente me iba a ayudar a brillar en mi gran noche fue el culpable de acabar con mi sueño de ganar el concurso.

Los jueces nos calificaron basándose en lo que habíamos podido completar de nuestra presentación hasta el momento de la lesión. Luego de enterarme del puntaje, me mandaron al hospital a que me revisaran el brazo.

El diagnóstico: Una ruptura braquial del tendón del bíceps.

El término en mi familia: Se jodió el brazo... bailando.

La sensación: Todos se están riendo de mí, en televisión nacional.

Esa noche fue horrible. El dolor, la vergüenza, la sensación de que había dejado algo a medio hacer me torturaba de camino a casa. Y en ese momento, recordé algo que siempre supe, pero no tenía en mente: cuando alguien está en peligro, los latinos somos las personas más compasivas del mundo. Todos ofrecieron darme una mano y recibí llamadas de mis amigos, de amigos de mis amigos y hasta de amigos de mis enemigos. Fui a ver un especialista en lesiones deportivas y tuvimos la siguiente conversación:

Médico: Tienes una ruptura braquial del tendón del bíceps.
Yo: ¿Me voy a morir?
Médico: No seas dramático.
Yo: Es que he trabajado en muchas telenovelas...
Médico: Necesitas que te operemos, pero estarás bien.
Yo: ¿Podré volver a tocar la guitarra?
Médico: Es un chiste muy viejo, Cristián...
Yo: Perdón, quiero su opinión sincera. ¿Debo dejar *Dancing with the Stars*?
Médico: Sí, claro.
Yo: Quiero una segunda opinión.
Médico: No tienes ningún sentido del ritmo para bailar.
Yo: Ese también es un chiste muy viejo, Doctor...
Médico: Si, pero eso no lo hace menos verdadero.

Estaba hecho trizas. No podía encontrar a ningún doctor que me diera el diagnóstico que yo quería escuchar: "Sigue compitiendo en *Dancing with the Stars*". ¿Me di por vencido? Cuando eres latino sabes que "no" en realidad significa "sigue adelante". Era el primer programa de la octava semana y quince minutos antes de salir al aire, pude hablar con Neal Elattrache, el mejor doctor del mundo —estoy moviendo mi brazo derecho en este momento, como prueba. Me dijo que definitivamente necesitaba cirugía, pero no necesariamente enseguida. Se podría posponer por tres semanas, como mucho. Eso era lo único que necesitaba para entrar a la final. Bueno... eso, y el voto latino... y el voto de todos los demás.

Corrí a hablar con el productor ejecutivo, quien ya tenía todo el programa organizado alrededor de mi partida. El apuntador ya estaba preparado con el discurso de Tom deseándome lo mejor en mi despedida, y estábamos a diez minutos del programa en vivo y en directo por televisión nacional, cuando le dije que me quería quedar en la competencia, bailando con un solo brazo. Me dijo que era demasiado tarde. Le dije que lo entendía, pero que si Tom me preguntaba, en vivo, si quería seguir bailando, yo le contestaría "sí". No sé qué habrá pensado él, pero por su mirada me lo imagino pensando "¡Diablos!". Terminó su té y bollo y me dijo: "Déjame ver que puedo hacer, pero necesito la autorización del Doctor por escrito". El resto, como dicen, es historia. No es que vayan a tomarles una prueba de esto a los niños en el colegio, pero es una buena frase para terminar el párrafo.

En esos últimos programas, me bailé la vida. Tuvimos que entrenar más duro que nunca. Cheryl tuvo que hacer coreografías de una manera que me permitiera esconder mi lesión y todavía verme como un bailarín gracioso y natural. Hizo todo eso, y encima con una pareja de baile amateur como yo. No la quería defraudar a ella, ni a mi esposa, ni a mis amigos, ni a mis fanáticos. Dejé mi corazón en ese piso de baile. No creo que el público haya votado como lo hicieron porque me tenían lástima. Estoy muy orgulloso de lo que logramos, y creo que *eso* es lo que la gente notó.

Durante el último programa, sabía que sería prácticamente imposible ganar, pero te estaría mintiendo si te dijera que no tenía la esperanza de quedarme con el trofeo. Todos sabemos que Kristi Yamaguchi era la concursante más talentosa desde el primer día; ella era quien merecía ganar esa temporada.

Aquí estoy luego del show de eliminación de la séptima semana, cuando decidí que no iba a abandonar el programa.

Cortesía de Cristián de la Fuente

Kristy me prometió que yo iba a ser el primero en ser fotografiado con el emblemático trofeo de *Dancing With The Stars*. Cumplió su promesa.

Ahora, por donde vaya, siempre me preguntan como está mi brazo y me dicen que votaron por mí —lo cual es gracioso porque si en realidad todos los que dicen que lo hicieron hubieran votado por mí, debería haber ganado. Quizás debería pedir un recuento. Lo más importante es que creo haber demostrado que a un latino sí le puede ir muy bien entre un público establecido. En la siguiente temporada no tuvieron a una estrella latina. Sé lo que estás pensando: un trabajador latino haría lo que sea para que no le quiten el trabajo. Pero te juro que no hice nada —¡no fue mi culpa!

Cortesía de Cristián de la Fuente

Aquí estamos en el avión de Disney en vuelo a Nueva York para aparecer en *Good Morning America* después de la final de *Dancing With The Stars*. Mas allá de que fue una competencia feroz, todos celebramos juntos.